AF561765

HEYNE
HARD
CORE

Victoria Clark * Melissa Scott

ZU TISCH BEI DIKTATOREN

DIE LIEBLINGSSPEISEN
DER TYRANNEN

Aus dem Englischen
von Robert Brack

WILHELM HEYNE VERLAG
MÜNCHEN

Penguin Random House Verlagsgruppe FSC® N001967

Lektorat: Kirsten Naegele
Redaktion: Lars Zwickies
Umschlaggestaltung: Nele Schütz Design, München,
unter Verwendung eines Motivs von www.titoville.com
Satz: Satzwerk Huber, Germering
Druck und Bindung: Litotipografia ALCIONE s.r.l., Lavis
Printed in Italy
ISBN: 978-3-453-27286-6

www.heyne-hardcore.de

INHALT

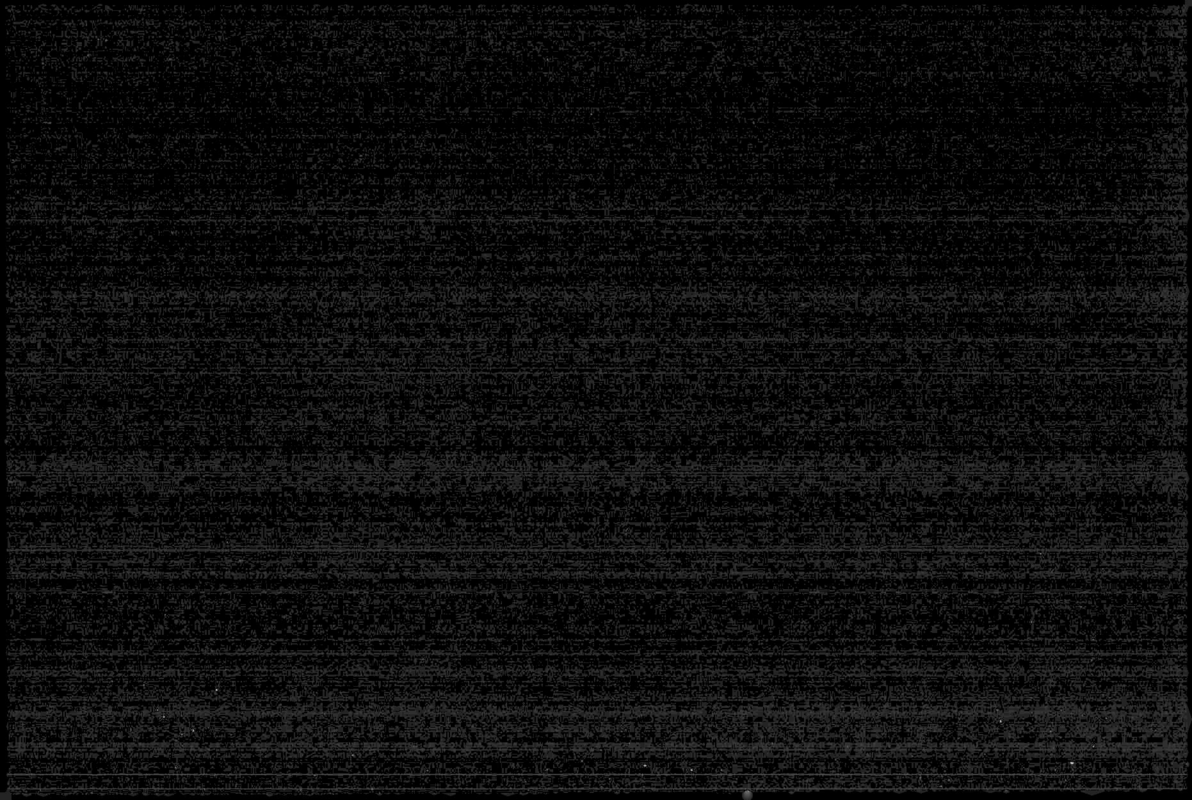

VORWORT

In diesem Buch werden die schlimmsten Diktatoren des 20. Jahrhunderts aus einer ganz neuen Perspektive betrachtet, nämlich mit dem besonderen Blick auf ihre kulinarischen Obsessionen …

Wer hätte gedacht, dass Adolf Hitler, obwohl er Vegetarier war, ein Faible für junge Tauben hatte, gefüllt mit Zunge und Leber? Oder dass Mussolini am liebsten rohen Knoblauch aß, den er sogar schüsselweise vertilgte? Hastings Banda, der asketische Herrscher von Malawi, ging nie aus dem Haus, ohne sich ein paar knusprige Würmer als Snack in seine Hosentaschen zu stopfen! Und Idi Amin – den man im Verdacht hatte, kannibalistischen Gelüsten zu frönen – verzehrte bis zu vierzig Orangen pro Tag. Hat der Kommunist Fidel Castro seinen Gästen wirklich beigebracht, wie man Hummer grillt? Und liebte Pol Pot tatsächlich nichts so sehr wie Kobra-Eintopf?

In diesem etwas anderen Geschichtsbuch, das gleichzeitig auch Fotoalbum und Rezeptsammlung ist, gehen wir nicht nur den Essgewohnheiten der Tyrannen auf den Grund, sondern beschäftigen uns darüber hinaus mit allem, was rund ums Essen sonst noch eine wichtige Rolle spielte: mit Tischgesprächen, Manieren, Verdauungsproblemen, häuslichen Angelegenheiten, Suchtproblemen, Krankheiten und ernährungspolitischen Maßnahmen. Sofern keine humanitären Gründe dagegen sprachen, haben wir die Lieblingsgerichte der Diktatoren mit Rezepten zum Nachkochen abgedruckt. Wo das nicht möglich war, sind wir auf eine naheliegende Spezialität ausgewichen.

Die vorliegende Zusammenstellung kann natürlich nicht alle Diktatoren des 20. Jahrhunderts berücksichtigen, das hätte zu weit geführt. Es fehlen zum Beispiel Enver Hodscha aus Albanien, Augusto Pinochet aus Chile, Ho Chi Minh aus Vietnam oder Gamal Abdel Nasser aus Ägypten. Bis auf den ehemaligen äthiopischen Präsidenten Mengistu, der heute im Exil in Simbabwe lebt, sind alle porträtierten Tyrannen verstorben.

Wir hoffen, dass unser Buch eine unterhaltsame und lehrreiche Lektüre darstellt und die Leser und Leserinnen mit einigen Geheimnissen exotischer Gerichte bekannt macht. Es zeigt uns, wie schmal der Grat ist, der den Menschen vom Ungeheuer trennt. Darüber hinaus ist nicht zu leugnen, dass alle hier vorgestellten Autokraten während ihrer Amtszeiten von zahllosen Politikern und Staatsmännern aus aller Welt anerkannt und hofiert wurden.

EUROPA

JOSEF STALIN

1878 – 1953

Stalin war noch Schüler am Seminar für orthodoxe Priester in der georgischen Hauptstadt Tiflis, als er zum ersten Mal die Schriften von Lenin in die Hände bekam. Der pockennarbige junge Mann, dessen linker Arm kürzer war als der rechte, was von einem Kutschenunfall im Alter von zehn Jahren herrührte, schloss sich einer Untergrundgruppe an und überfiel Banken im Namen der Revolution. Dank seines Ehrgeizes und seiner Rücksichtslosigkeit gelang es ihm, in die Führungsriege von Lenins Bolschewiki aufzusteigen, der er bereits angehörte, als die Partei in der Oktoberrevolution 1917 die Macht eroberte.

Obwohl Lenin seine Genossen auf dem Sterbebett vor dem brutalen Charakter seines Ziehsohns gewarnt hatte, wurde Stalin 1924 zu seinem Nachfolger gekürt. Fortan verfolgte er gnadenlos alle Rivalen und festigte seine Herrschaft durch rigorose »Säuberungen« in Partei und Staatsapparat und ließ zahllose Schauprozesse durchführen. Auf sein Geheiß wurden während der Jahre des »Großen Terrors« 1,5 Millionen Menschen verhaftet und die Hälfte davon erschossen. Seine Maßnahmen zur Zwangskollektivierung auf Kosten der Kulaken führte zur großen Hungersnot 1932/33, die allein in der Ukraine 3,5 Millionen Menschen das Leben kostete. Er ließ zahlreiche Gefangenenlager in Sibirien einrichten, in denen tatsächliche oder vermeintliche Staatsfeinde unter unmenschlichen Bedingungen Zwangsarbeit leisten mussten, und ordnete die Deportation ganzer Volksgruppen nach Zentralasien an.

Unter seiner Herrschaft, die geschätzten 22 Millionen Menschen das Leben kostete, wurde die Sowjetunion von einem Agrar- in ein Industrieland umgewandelt. Nach dem Angriff der deutschen Wehrmacht im Juni 1941 mobilisierte er alle Kräfte im »Großen Vaterländischen Krieg« und konnte den Feind in einer verlustreichen Auseinandersetzung zurückschlagen. Aus dem Zweiten Weltkrieg ging die Sowjetunion als eine von zwei Supermächten hervor, entwickelte eine eigene Atombombe und sorgte für die Installation russlandfreundlicher kommunistischer Regierungen in den

Ländern Osteuropas. Wegen seiner Erfolge bei der Etablierung der sowjetischen Vorherrschaft in Asien und Osteuropa wird er noch heute von vielen russischen Nationalisten verehrt.

Stalins kulinarische Vorlieben sind wesentlich von den Spezialitäten seiner Heimat Georgien geprägt.

In der Küche des Kaukasus-Staats spielen Walnüsse, Knoblauch, Pflaumen und Granatäpfel eine wichtige Rolle. Die Weine der Region werden von den Georgiern als die besten der Welt gefeiert. Georgien hat eine lange Tradition der Gastfreundschaft. Dementsprechend waren festliche Gelage am Hof des Terror-Zaren Stalin praktisch an der Tagesordnung. Sein Nachfolger Nikita Chruschtschow sagte dazu einmal: »Ich glaube nicht, dass es jemals einen Herrscher mit vergleichbarer Verantwortung gab, der mehr Zeit damit verschwendete, üppige Abendessen und Trinkgelage zu veranstalten, als Stalin.«

Aber war das wirklich nur Zeitverschwendung? Die Supra, die typische georgische Festtafel mit ihren zahllosen Speisen, war die ideale Bühne für seine spezielle Art des tödlichen Machtspiels, durch das er jahrzehntelang seine Position festigte. Traditionell ist es in Georgien die Aufgabe des Tamada genannten Tischmeisters, für den entsprechenden Anlass spezielle Trinksprüche vorzubereiten. Durch die Länge seiner Eröffnungsrede wird der Alkoholgenuss der Gäste anfangs noch weitgehend unter Kontrolle gehalten. Dann steigern sich die Ehrbezeugungen, und die Gläser werden immer häufiger gefüllt und leer getrunken. Jeder muss mitmachen, andernfalls würde er die Ehre des Gastgebers verletzen. Stalin lud seine Gäste gerne in eine seiner vielen Sommerresidenzen ein, vor allem in seine Datscha bei Kunzewo in der Nähe von Moskau. Trinkspiele wie »die Temperatur schätzen«, das Stalin besonders gern mochte, sorgten dafür, dass viele Gäste, die er dort bewirtete, früher oder später sturzbetrunken und kotzend durch den Garten taumelten.

Jugoslawiens Staatschef Tito versuchte Haltung zu bewahren, indem er sich in seinen Jackenärmel übergab, der tschechoslowakische KP-Führer Klement Gottwald hingegen lag irgendwann dem Diktator zu Füßen und bettelte darum, dass sein Land sich der UdSSR anschließen dürfe. Chruschtschow wiederum stellte nach einem dieser berüchtigten Abendessen fest, dass er ins Bett gemacht hatte. Im Sommer 1942 trank Winston Churchill, der berühmt für seine Trinkfestigkeit war, dermaßen viel von Stalins Lieblingswein, dem lieblichen roten Khvanchkara, dass er um drei Uhr morgens über Kopfschmerzen klagte.

Wenn Stalin zu einem »kleinen Imbiss« einlud, musste man damit rechnen, dass das Ganze in ein sechsstündiges Gelage ausartete, das erst um fünf Uhr morgens zu Ende ging. Sein Lieblingskoch war übrigens Spiridon Putin, der Großvater des heutigen russischen Staatspräsidenten Wladimir Putin. Stalin quälte und langweilte seine Gäste mit den immer gleichen Anekdoten und trug sie derart unflätig vor, dass sogar seine Tochter Swetlana sich für ihn schämte. Mitunter bewarf er seine Genossen aus dem Politbüro mit Tomaten. Auch das Schnippen von Brotkügelchen und peinliche kindische Scherze gehörten zu seinem Repertoire. Und wehe, man kam den Aufforderungen zum Vortragen eines Liedchens oder zum Tanzen nicht nach!

Gerüchten zufolge soll Stalin vergiftet worden sein. Aber man darf annehmen, dass schon ein ganz normales georgisches Abendessen im Kreise seiner engsten Freunde genügt hätte, um bei dem fünfundsiebzig Jahre alten Tyrannen einen Schlaganfall hervorzurufen.

SATSIVI

Für 6 Personen

Der Name dieses Gerichts bedeutet »Abgekühltes«, denn es wird traditionell lauwarm oder kalt serviert, in der Regel als Vorspeise.

1 Hühnchen, ca. 1,5 kg

700 g Walnüsse

5 mittelgroße Zwiebeln

4 Knoblauchzehen

2 Esslöffel Weißweinessig

1 Teelöffel Koriandersamen, gemahlen

1 Teelöffel Bockshornkleesamen, gemahlen

1 gehäufter Teelöffel Ringelblumenblüte (ersatzweise Kurkuma)

1 gehäufter Teelöffel kleine rote Paprikaschoten

½ Teelöffel Zimtpulver

5 Nelken, zermahlen

Salz

Das Huhn in einem Topf mit 2 Litern Wasser halb gar kochen, herausnehmen und auf einen Ofenrost setzen. Einen Teil des Fetts, das sich auf dem heißen Wasser abgesetzt hat, dazu benutzen, um das Hühnchen damit zu überziehen. Das Wasser nicht weggießen. Das Hühnchen nun bei 180° C im Ofen braten. Das fertig gegarte Huhn entbeinen und das Fleisch in mundgerechte Stücke zerteilen.

Die Zwiebeln hacken und 6 – 7 Minuten in dem abgeschöpften Fett schmoren.

Die Zwiebeln mit einem Handmixer oder in einem Mörser zu einer Paste zermahlen und in die Hühnerbrühe einrühren.

Walnüsse mit dem Mixer oder in einem Mörser zermahlen, Koriander, Bockshornklee, Ringelblume/Kurkuma, Zimt und Nelken hinzufügen und vermischen.

Die Knoblauchzehen mit der Paprika und dem Salz in einem Mörser zerreiben und diese Mischung sowie den Essig zu der Walnussmischung geben.

Den Rest der Hühnerbrühe langsam in die Mischung einrühren, bis sie eine sämige Konsistenz hat. Anschließend durch ein Sieb passieren.

Das Hühnchenfleisch in die Sauce geben und kurz erhitzen. Vom Feuer nehmen und abkühlen lassen. Lauwarm oder kalt servieren.

BENITO MUSSOLINI

1883 – 1945

Der schon in jungen Jahren sehr beleibte und großspurige Benito Mussolini war der älteste Sohn einer Dorfschullehrerin, die eher konservativen Ideen anhing, und eines Schmieds, der als Sozialist politisch aktiv war. Er ging in verschiedenen kleinen Städten in der Emilia-Romagna zur Schule und verdingte sich anschließend als Wanderarbeiter in der Schweiz. Als er seiner Einberufung zum Militärdienst nicht nachkam, wurde er als Deserteur verurteilt. In der Schweiz erwachte sein politisches Interesse, er trat der Auslandsabteilung der Sozialistischen Partei Italiens bei und wurde Chefredakteur des Parteiblatts *Avanti!* Bald schon vermengte er marxistische Ideen mit nationalistischem Pathos und sozialdarwinistischen Ideen, wurde aus der Partei ausgeschlossen und gründete seinerseits 1921 die Faschistische Partei.

Flankiert von den Schwarzhemden, seiner Sturmtruppe, die zum großen Teil aus arbeitslosen Veteranen des Ersten Weltkriegs bestand, initiierte er im Oktober 1922 den spektakulären »Marsch auf Rom«. Wenig später ernannte König Viktor Emanuel III. ihn zum Ministerpräsidenten. Als jüngster Regierungschef, den Italien je gesehen hatte, verwandelte er das politische System in eine Diktatur und ernannte sich selbst 1925 zum »Duce«, Führer. Als glühender Nationalist wollte er an die glorreiche Vergangenheit Italiens, das alte Römische Reich, anknüpfen und setzte auf eine expansive kolonialistische Außenpolitik.

Nach der Besetzung von Libyen eroberten seine Truppen Abessinien (das heutige Äthiopien), annektierten Albanien, und zu Beginn des Zweiten Weltkriegs ging Mussolini ein Bündnis mit dem nationalsozialistischen Deutschland und Japan ein. Aber aufgrund seiner strategischen Unfähigkeiten und des bröckelnden Rückhalts in der eigenen Bevölkerung wurde seine Position immer schwächer. Der Invasion Italiens durch die Alliierten 1943 wusste er nichts entgegenzusetzen, und seine eigenen Anhänger empfahlen dem König die Absetzung des Duce. Aus seiner anschließenden Internierung

konnte er mithilfe der Deutschen entkommen und rief kurz darauf in Salò in Norditalien eine »Sozialrepublik« aus, einen Marionettenstaat der deutschen Besatzer, der nur kurze Zeit existierte. 1945 griffen kommunistische Partisanen ihn in der Nähe des Comer Sees auf und richteten ihn hin. Seine Leiche wurde in Mailand neben der seiner Geliebten Clara Petacci kopfüber unter dem Dach einer Tankstelle aufgehängt.

Mussolini war ein theatralischer Mensch, er stolzierte mit geschwellter Brust und erhobenem Kinn umher und sah aus wie jemand, der auch in kulinarischer Hinsicht unmäßig ist. Ein Vielfraß war er jedoch nicht.

Sein Lieblingsgericht war ein schlichter Salat aus grob gehackten Knoblauchzehen, die er mit Zitronensaft und Olivenöl vermischte. Seiner Ansicht nach war das gut fürs Herz. »Er hat immer eine ganze Schüssel davon aufgegessen«, beklagte sich seine Ehefrau Rachele einmal. »Danach war es unmöglich, in seiner Nähe zu sein. In der Nacht musste ich ihn allein schlafen lassen und im Kinderzimmer Zuflucht suchen!«

Von der weltberühmten Küche seines Heimatlandes zeigte sich Mussolini wenig beeindruckt. Vielmehr bewunderte er Mahatma Gandhi und George Bernard Shaw wegen ihrer vegetarischen Lebensweise. Sogar dem Alkohol schwor er im Alter von vierzig Jahren endgültig ab.

Pasta interessierte ihn nur, weil sie aus Weizen hergestellt wurde, dessen Produktion Mitte der 1920er-Jahre um ein Drittel gesteigert werden konnte, was ein großer Erfolg der faschistischen Regierung war. Mussolini bemühte sich, die italienischen Bauern zu Höchstleistungen anzutreiben, indem er ihnen den Titel »Velites« verlieh, eine Bezeichnung für die Vorhuttruppe im alten römischen Heer, die auch Napoleon für seine Kaisergarde übernommen hatte. 1928 verfasste Mussolini sogar ein kleines Gedicht zum Lob des Brotes, von dem er behauptete, es sei nahrhafter für körperlich arbeitende Menschen als Pasta:

Liebet das Brot, das Herz eures Hauses,
den Duft der Kantine, das Juwel eures Herds.
Achtet das Brot, den Schweiß eures Antlitzes,
den Stolz eurer Arbeit, das Gedicht eures Opfers …
Verschwendet das Brot nicht, den Reichtum der Nation,
Gottes süßes Geschenk
und Lohn der Arbeit des Menschen.

Wie sehr auch die Staatsgeschäfte ihn beschäftigten oder seine außerehelichen Affären ihn beanspruchten, Mussolini nahm sich immer die Zeit, seine Mahlzeiten zu Hause mit Rachele und seinen fünf Kindern zu genießen. Er kam immer pünktlich und verlangte, dass alle anderen bereits am Tisch saßen, wenn er am Kopfende des ovalen Esstischs Platz nahm. Beim Essen ermunterte er seine Gäste zu anregenden Diskussionen und Meinungsäußerungen. In ihrem Buch *A tavola con il Duce* (Zu Tisch beim Duce) beschrieb Maria Scicolone, Schwester von Sophia Loren und Ehefrau von Romano Mussolini, dem Sohn des Duce, wie sich die politischen und persönlichen Obsessionen des Familienvaters bei Tisch auswirkten. So fügte er nach der italienischen Eroberung von Libyen seinem Ernährungsplan die Grapefruit hinzu und provozierte gerne ausufernde Diskussionen über den wahren geografischen Ursprung von Tomaten und anderen Gemüsesorten.

Wenn man ihn nach seinen Ansichten über die verschiedenen Nationalküchen fragte, erklärte Mussolini gern, dass er die französische Küche für absolut überschätzt halte und die italienische die beste der Welt sei. Was die Regionen betrifft, so sah er die Küche der Emilia-Romagna an der Spitze, gefolgt von der toskanischen. Er aß immer sehr schnell und verabscheute, genau wie sein Freund Adolf Hitler, lange formelle Bankette, wie sie im Palast des italienischen Königs zu Ehren von Staatsgästen zelebriert wurden.

Außerhalb seiner Familie gab es viele, die sich über seine Tischsitten beklagten, zum Beispiel »die weit ausholenden Kreisbewegungen, die er vollführte, wenn er Messer und Gabel benutzte«, wie es seine Angewohnheit in jungen Jahren gewesen war. Als er an die Macht kam, lernte er, besser damit umzugehen, konnte aber seine Herkunft als Sohn eines einfachen Schmieds nie ganz verleugnen. Seine Vorliebe für einfache Genüsse könnte daher rühren, dass ihm als Kind zu Mittag nur ein bisschen Gemüse mit ein paar Tropfen Olivenöl und einer Scheibe Brot vorgesetzt wurde, wenn er seine Großmutter besuchte.

1925, knapp drei Jahre nach seiner Machtergreifung, wurde bei Mussolini ein Geschwür am Zwölffingerdarm diagnostiziert. Die italienischen Ärzte setzten jedoch eine falsche Behandlung an und verordneten ihm, pro Tag mindestens einen Liter Milch zu trinken. Erst 1943 konstatierte ein anderer Arzt, dass er an Schlaflosigkeit, Blutarmut und akuter Verstopfung litt, außerdem an einer vergrößerten Leber, erhöhtem Blutzuckerspiegel und einem deformierten Dickdarm. Sein Speiseplan wurde geändert, und er musste ab sofort Kaninchen und Hühnchen essen, was eine erstaunliche Verbesserung seines Gesundheitszustands zur Folge

hatte. Kartoffelpüree allerdings konnte er sein ganzes Leben lang nicht ausstehen, weil es ihm angeblich Kopfschmerzen verursachte.

Mussolini mochte zwar grundsätzlich kein Fleisch, konnte aber einem zarten Kalbsfilet nicht widerstehen, wenn es mit frischen Gartenkräutern, vor allem Majoran, mariniert wurde. Alle Mitglieder der Mussolini-Familie liebten frisch gebackenen Ciambellone, einen Ringkuchen, der nicht mit Butter, sondern Olivenöl zubereitet wird und auf verschiedene Arten aromatisiert werden kann, mit Zimt, kandierten Zitrusfrüchten, Schokolade oder sogar mit Anis-Likör.

CIAMBELLONE

Für 6 Personen

Dieser schlichte Rührkuchen mit Schuss war eine der Leibspeisen im Hause Mussolini.

500 g Mehl

2 Eier

150 g Zucker

240 ml Milch

120 ml Olivenöl

abgeriebene Zitronenschale

240 ml Anis-Likör (z. B. Mistrà oder Sambuca)

eine Tüte Trockenhefe

Den Ofen auf 180° C vorheizen.

Eier, Zucker, Milch und Öl in einer Schüssel verschlagen. Zitronenschale und Anis-Likör hinzufügen, dann nach und nach Mehl und Hefe einrühren.

Eine Ringkuchenform einfetten, Teig einfüllen und mit Zucker bestäuben.

In den Ofen stellen und 30 Minuten backen, ohne den Ofen zu öffnen.

Nach einer halben Stunde mit einem Zahnstocher aus Holz prüfen, ob der Kuchen gar ist. Wenn der Zahnstocher beim Herausziehen noch feucht ist, muss der Kuchen weiter backen, bis er innen trocken und außen goldgelb ist.

Abkühlen lassen und in Scheiben geschnitten servieren.

ADOLF HITLER

1889 – 1945

Geboren in der österreichischen Stadt Braunau, schlug Adolf Hitler sich zunächst als erfolgloser Maler von Aquarellen durch. Er zog als schlichter Soldat für die Deutschen in den Ersten Weltkrieg und wurde mit dem Eisernen Kreuz ausgezeichnet. In der von heftigen politischen Auseinandersetzungen, Wirtschaftskrisen und schwerer Inflation gebeutelten Weimarer Republik gelang ihm der Aufstieg zum Führer der NSDAP. Um die in seinen Augen schwere Demütigung des Deutschen Reichs durch den Versailler Friedensvertrag zu rächen, strebte er eine ökonomische und militärische Stärkung des Landes an.

Nachdem die Nationalsozialisten bei den Wahlen im November 1932 zur stärksten Partei geworden waren, wurde Hitler von Reichspräsident Hindenburg zum Kanzler ernannt und begann nach dem Reichstagsbrand mit der rigorosen Ausmerzung der Opposition. Dank der ökonomischen Erholung des Landes und den Erfolgen seiner expansionistischen Außenpolitik in den ersten fünf Jahren konnte er seine Macht festigen. Gegen den Willen der Siegermächte des Ersten Weltkriegs remilitarisierte er das Rheinland, annektierte Österreich und das Sudetenland und fiel am 1. September 1939 mit seiner Armee in Polen ein, woraufhin Großbritannien und Frankreich dem Deutschen Reich den Krieg erklärten. Vorrangiges Ziel von Hitlers Politik war, alle außerhalb der Reichsgrenzen lebenden Deutschen »heim ins Reich« zu holen und seinem Volk »neuen Lebensraum« im Osten zu erschließen.

Seine Rechnung schien zunächst aufzugehen. Die deutsche Armee eroberte weite Gebiete im Osten und besetzte einen großen Teil von Frankreich. In allen von der Wehrmacht kontrollierten Gebieten kam es zur systematischen Verfolgung und Vernichtung von Juden und anderen Volks- und Menschengruppen, die Hitler in seinem Buch *Mein Kampf* als »Untermenschen« tituliert hatte.

Der Angriff auf die Sowjetunion jedoch wurde zum Desaster. Es gelang der Roten Armee, die Deutschen

zurückzudrängen und ihnen im brutalen russischen Winter schwere Verluste zuzufügen. Weitere militärische Erfolge im Westen blieben aus, die Bombardierung von England war ein erfolgloses Unterfangen. Mit dem Eintritt der USA in den Zweiten Weltkrieg wendete sich das Blatt, und die Invasion der alliierten Truppen in der Normandie läutete das Ende von Hitlers Herrschaft in Europa ein. Am 30. April 1945 beging er in seinem Führerbunker in Berlin Selbstmord, um sich einer Gefangennahme durch die anrückenden sowjetischen Truppen zu entziehen.

Lange Zeit wurde behauptet, der blutrünstige Diktator sei Vegetarier gewesen. Das entspricht allerdings nicht ganz der Wahrheit.

Bei mehreren Gelegenheiten wurde er in den 1930er-Jahren dabei beobachtet, wie er sich über zarte junge Tauben hermachte, die mit Zunge, Leber und Pistazien gefüllt waren. Historisch bewiesen ist auch seine Aussage, es gäbe »nichts Schöneres als einen leckeren Leberknödel«.

Seine vegetarische Lebensweise wurde aus Propagandagründen seiner angeblichen Tierliebe zugeschrieben. Tatsächlich sorgte sich das Naziregime kurioserweise um das Wohlergehen von Hummern, die in teuren Restaurants in Wassertanks auf ihre Zubereitung warteten, und erließ sogar ein Gesetz, das den Genuss von Gänsestopfleber verbot. Vor allem aber die abstrusen Ideen von Hitlers Lieblingskomponisten Richard Wagner hinsichtlich der fleischlosen Ernährung hatten es dem Führer angetan. Wagner hatte 1881 in seinem Buch *Heldentum und Christentum* gefordert, der Vegetarismus müsse eine wichtige Rolle dabei spielen, die Menschheit durch eine »Reinigung des Blutes« vor dem Verfall zu retten. Er vertrat die abseitige Theorie, die Menschen seien von Natur aus Vegetarier gewesen und durch eine »Kreuzung« mit den kannibalistisch veranlagten Juden des Altertums zu Fleischessern geworden. Hitler bezog sich einmal ganz direkt auf diesen Text, als er erklärte: »Ich vermeide das Fleischessen vor allem wegen dem, was Wagner dazu geschrieben hat.«

Es gab darüber hinaus noch einen anderen, nicht unwichtigen Grund für die vegetarischen Neigungen des Führers. Hitler litt nämlich an chronischer Verstopfung und schweren Blähungen. Diese Beschwerden hoffte er, durch eine fleischlose Kost eindämmen zu können. Von seinem Leibarzt Dr. Theodor Morell bekam er nicht weniger als achtundzwanzig verschiedene Medikamente gegen seine gesundheitlichen Probleme verschrieben. Die Amphetamine und Barbiturate, die er in großen Dosen zu sich nahm, bezeichnete Hitler anderen gegenüber als »Vitaminpillen«. Darüber hinaus verabreichte Dr. Morell ihm eigenartige Substanzen wie zum Beispiel die Fäkalien bulgarischer Bauern oder den Extrakt der hochgiftigen Tollkirsche. Außerdem nahm Hitler regelmäßig Dr. Kösters Antigas-Pillen gegen Blähungen zu sich, in denen Strychnin enthalten war, das damals auch in Rattengift Verwendung fand und in höheren Dosen für Menschen tödlich sein kann.

Trotzdem hatte Hitler mehr Angst vor Gift in seinem Essen als vor den Medikamenten, die ihm verabreicht wurden. Um sich vor einem Anschlag auf sein Leben zu schützen, beschäftigte er im Führerhauptquartier Wolfsschanze in Ostpreußen fünfzehn Vorkosterinnen. Eine von ihnen war Margot Woelk. Sie wurde jeden Tag bei ihren Schwiegereltern im zweieinhalb Kilometer entfernten Dorf Groß-Partsch abgeholt und in eine Baracke gebracht, wo sie das für den Führer bestimmte Essen probieren musste. Sie war sehr erstaunt über die Üppigkeit der Speisen: »Wenn Saison war, gab es Spargel mit Sauce hollandaise, Gemüsesuppe mit Grießklößchen, geröstete rote Paprika, Reis, Salate und auch vegetarische Ragouts.« Erst wenn fünfundvierzig Minuten nach dem Probieren keine der Vorkosterinnen tot umgefallen war, wurde das Essen für den Transport zu Hitlers Tafel freigegeben.

Das Thema vegetarische Ernährung wurde mitunter bei Tisch erörtert. Wenn der Führer Gäste hatte, die gern Fleisch aßen, ließ er sich manchmal dazu hinreißen, ihnen detailreich die Zustände in einem ukrainischen Schlachthaus zu schildern, das er einmal betreten hatte. Nicht wenige ließen daraufhin entsetzt ihr Besteck fallen.

Einen ähnlichen Effekt konnten die Tischmanieren von Hitler haben. Ein Offizier, der in den letzten Monaten im Führerbunker in Berlin anwesend war und ungefähr dreißigmal mit ihm speiste, beschrieb später, wie »der Führer« sein Essen mechanisch in sich hineinschaufelte, bei Tisch die Fingernägel abnagte und sich ständig mit dem Zeigefinger unter der Nase rieb. Außerdem vertilgte er Unmengen von Kuchen.

Rauchen war bei Tisch verboten, weil Hitler an einer chronischen Kehlkopfentzündung litt. In den letzten Monaten seiner Herrschaft war sein Verdauungstrakt derart gestört, dass er nur noch Kartoffelbrei und klare Brühe zu sich nehmen konnte.

Das war sehr weit entfernt von seinem einstigen Lieblingsessen, das ihm die englische Köchin Dione Lucas Anfang der 1930er-Jahre in einem Hamburger Luxushotel serviert hatte: »Ich möchte Ihnen ja nicht den Appetit auf gefüllte Tauben verderben, aber es dürfte Sie vielleicht interessieren, dass dies das Lieblingsgericht von Adolf Hitler war, der damals, als ich dort gearbeitet habe, des Öfteren im Hotel zu Gast war«, schrieb sie 1964 in ihrem Buch *Gourmet Cooking School Cookbook*.

GEFÜLLTE TAUBEN

Für 6 Personen

Für dieses Rezept werden junge Tauben verwendet. Lassen Sie sie von Ihrem Schlachter entbeinen. Wenn Sie es selbst tun möchten, benötigen Sie ein scharfes Messer mit elastischer Klinge. Damit wird am Rücken ein Schnitt entlang der Wirbelsäule ausgeführt, das Fleisch von den Knochen gelöst, bis man die Karkassen herausnehmen kann. Keulen und Flügel können bleiben. Die ausgelösten Karkassen und die Leber zur Weiterverwendung behalten.

6 junge Tauben

17 Hühnerlebern

Butter

½ Flasche Calvados

1 Knoblauchzehe, fein gehackt

12 Champignons, in Scheiben geschnitten

Saft von einer Zitrone

170 g gekochte und fein gehackte Kalbszunge

3 Esslöffel blanchierte Pistazien

3 grüne Äpfel

Mehl

Kristallzucker

560 ml Sahne

2 Esslöffel gehackte Trüffel

2 Esslöffel fein gehackter Estragon

Salz und Pfeffer

Vorbereitung:
Die flach gedrückten Tauben auf ein Holzbrett legen.

Die Hühner- und Taubenlebern mit 2 EL heißer Butter scharf anbraten und mit 6 EL Calvados flambieren. Anschließend aus der Pfanne nehmen, abkühlen lassen und sorgfältig in Scheiben schneiden.

Die Champignons mit dem Knoblauch in Butter sautieren. 2 Minuten köcheln lassen, Zitronensaft hinzufügen, salzen und pfeffern. Zunge, Leber und Pistazien hinzufügen.

Die Äpfel in 1 cm dicke Scheiben schneiden und mit dem Zucker in Butter braten, bis sie karamellisiert sind. Sie sollten nicht zu weich werden.

Die Tauben mit der Farce füllen, bis sie wieder Form angenommen haben, und sorgfältig mit Küchengarn zunähen und zu Päckchen verschnüren.

(An diesem Punkt der Vorbereitungen können die Tauben für einige Zeit im Kühlschrank aufbewahrt werden.)

Zubereitung:
Ofen auf 190° C vorheizen.

Die Tauben in einem Schmortopf zusammen mit den Karkassen in 120 g Butter langsam bei geschlossenem Deckel anbraten.

Mit 180 ml Calvados flambieren. Anschließend den Topf in den Ofen stellen und die Tauben 45 bis 50 Minuten schmoren. Gelegentlich mit der Garflüssigkeit übergießen. Eventuell mehr Calvados hinzufügen.

Wenn sie gar sind, die Tauben vom Küchengarn befreien und warm stellen. Die Karkassen aus dem Sud nehmen.

Sauce:
Garflüssigkeit einkochen. Die leicht geschlagene Sahne schrittweise hineingeben, Trüffel und Estragon hinzufügen und die Tauben damit übergießen.

ANTONIO SALAZAR

1889 – 1970

Der aus bäuerlichen Verhältnissen stammende Antonio Salazar, der zunächst Priester werden wollte, studierte mit Unterstützung der katholischen Kirche an der traditionsreichen Universität in Coimbra Wirtschafts- und Finanzwissenschaften und war dort anschließend als Professor hoch angesehen. Nachdem die erste portugiesische Republik durch einen Militärputsch ihr Ende gefunden hatte, holten ihn die Generäle aus seinem Elfenbeinturm. Sie garantierten ihm völlige Freiheit in der Finanzpolitik, und daraufhin trat er 1928 als Minister in die Regierung ein. 1932 wurde er Premierminister.

Salazar errichtete ein autoritäres Einparteiensystem und regierte fast vierzig Jahre lang, bis ein Schlaganfall seiner Herrschaft 1968 ein Ende setzte.

Er lebte asketisch, zeigte sich selten in der Öffentlichkeit und war nie verheiratet. Im Gegensatz zu anderen Diktatoren wollte er nicht von den Volksmassen gefeiert werden, sondern konzentrierte sich ganz auf seine Arbeit als Staatschef.

Er ähnelte eher einem religiösen Asketen als einem Autokraten. Sein Estado Novo (Neuer Staat) stützte sich vor allem auf den katholischen Klerus und die Aristokratie und unterdrückte jede Opposition. Liberalität und Individualismus waren ihm ein Gräuel. Als junger Mann hatte er ein einziges Mal das portugiesische Parlament besucht, das er kategorisch ablehnte – er hasste das »Durcheinander«, das die Demokratie seiner Ansicht nach hervorbrachte. Trotzdem ging er auf Distanz zu anderen europäischen Diktatoren, besonders zu Hitler, dessen heidnische und rassistische Ansichten ihm nicht behagten. Für Mussolini hegte er dagegen eine gewisse Bewunderung. Während des Zweiten Weltkriegs blieb Portugal neutral und wurde zu einem Fluchtort für Juden und andere Flüchtlinge.

Kritiker werfen Salazar vor, seine Politik habe zu ökonomischer und sozialer Stagnation geführt, und machen ihn für die massenhafte Auswanderung aus Portugal in den 1950er- und 1960er-Jahren verantwortlich. Aber

obwohl er entscheidend zur Verarmung eines Großteils der Bevölkerung beitrug, ist er noch heute in seinem Heimatland hoch angesehen. In einer Fernsehsendung wurde er 2013 von 41 Prozent der Zuschauer zum bedeutendsten Portugiesen aller Zeiten gewählt, noch vor Heinrich dem Seefahrer, dem großen portugiesischen Entdeckungsreisenden des 15. Jahrhunderts.

Salazar war der Überzeugung, dass seine politischen Pflichten es nicht zuließen, dass er heiratete und eine Familie gründete. Für seinen Haushalt war eine Frau zuständig, die der ganzen Nation als »Dona Maria« bekannt war und die sich auch um sein Essen kümmerte.

Dona Marias Biografen beschreiben sie als »die perfekte Interpretin der kulinarischen Gelüste des Präsidenten«, aber auch weniger schmeichelhaft als eine »gewöhnliche Person, die grob und herrisch ist und sich mitunter sogar brutal durchzusetzen vermag«. Dank ihrer Anwesenheit konnte Salazar alle unliebsamen Kontakte mit seinen Untertanen vermeiden. Er lebte einsam und zurückgezogen und sorgte dafür, dass sein Land durch eine konsequente Isolierung von den weltgeschichtlichen Stürmen verschont blieb, die im Rest von Europa und in Übersee tobten. Er speiste fast immer allein.

Er mochte es überhaupt nicht, wenn Dona Maria telefonierte, selbst wenn sie sich nur nach einem Rezept für ein Gericht erkundigte, das sie ihm kochen wollte. Seine Ansichten über das weibliche Geschlecht würden heutzutage jeder Frau im Westen, ob Feministin oder nicht, die Zornesröte ins Gesicht treiben. »Wie kann ich verhindern, dass eine Welle weiblicher Unabhängigkeit über unsere Welt hereinbricht?«, fragte er sich. »Frauen verstehen nicht, dass das Glück darin liegt, zu verzichten, anstatt Besitz anzuhäufen.« Deshalb schlug er vor: »Die großen Nationen sollten ein Beispiel setzen und dafür sorgen, dass die Frauen am heimischen Herd bleiben.« Die Speisen für seine einsamen Mittag- oder Abendessen wurden über einen Lastenaufzug aus dem Erdgeschoss in ein Anrichtezimmer transportiert, das im ersten Stock neben dem Esszimmer lag. Dort legte Dona Maria letzte Hand an, bevor sie ihm das Essen servierte.

Salazars Ess- und Trinkgewohnheiten waren extrem asketisch. Er ließ sich von jeder Mahlzeit die genauen Kosten nennen. Sein Frühstück bestand aus Malzkaffee oder Tee mit einer Scheibe trockenem Toastbrot, ohne Butter, ohne Milch. Zum Mittagessen gab es für ihn eine aus Truthahnknochen oder Fischgräten gekochte Suppe oder einen kargen Kohl-Eintopf. Sein Lieblingsgericht bestand aus gegrillten Sardinen mit Schwarzaugenbohnen, weil es ihn an seine ärmliche Kindheit erinnerte, während der er sich oft mit einem seiner Geschwister eine Sardine teilen musste.

Einer französischen Journalistin, die er sehr mochte und die ihn gelegentlich besuchte, verbot er das Rauchen und Kaffeetrinken nach dem Essen, solange er bei ihr am Tisch saß.

Seine Untertanen schickten ihm Unmengen von Lebensmitteln – Kekse, Eier, Nüsse, Früchte und Fisch –, was Dona Maria half, ihr knapp bemessenes Haushaltsbudget einzuhalten.

SARDINAS GRELHADAS COM FEIJAO FRADE

Für 4 Personen

Gegrillte Sardinen mit Schwarzaugenbohnen sind ein beliebtes Gericht, das traditionell auch am Feiertag des heiligen Antonius am 13. Juni serviert wird.

Bohnen

300 g Schwarzaugenbohnen, acht bis zwölf Stunden eingeweicht

1 Knoblauchzehe

½ rote Zwiebel, fein gehackt

60 ml Olivenöl

1 Esslöffel Rotweinessig

1 Bund glatte Petersilie, fein gehackt

Salz, Pfeffer

Das Einweichwasser abgießen.

Die Bohnen in einen Topf geben und mit frischem Wasser bedecken, Knoblauchzehe hinzufügen und zum Kochen bringen. Hitze reduzieren und ungefähr 25 Minuten köcheln, bis sie weich sind. Wasser abgießen, Knoblauchzehe beiseite legen, abkühlen lassen.

Die Knoblauchzehe fein hacken und mit Bohnen, Zwiebel, Essig und Öl, Salz und Pfeffer in eine Schüssel geben und vermischen. Mit Petersilie bestreuen.

Sardinen

12 – 16 frische Sardinen, geschuppt und ausgenommen

400 g geschälte, entkernte und gewürfelte Tomaten

180 ml Olivenöl

60 g schwarze Oliven, entsteint und gehackt

2 Esslöffel frisches Basilikum

2 Esslöffel Schalotten, fein gehackt

4 Knoblauchzehen, fein gehackt

Saft von zwei Zitronen

Meersalz und schwarzer Pfeffer

2 Zitronen, in Scheiben geschnitten

4 Cherry-Tomaten, halbiert

Die Sardinen mit Küchenpapier gut abtrocknen und im Kühlschrank aufbewahren. Grill vorheizen.

In einer mittelgroßen Schüssel Tomaten, 120 ml Olivenöl, Oliven, Petersilie, Basilikum, Schalotten und Knoblauch vermischen. 1 EL Zitronensaft, 1 TL Salz und ½ TL Pfeffer hinzufügen. Vermischen und bei Zimmertemperatur ziehen lassen.

Sardinen auf ein Backblech legen und mit 60 ml Olivenöl beträufeln. Im Olivenöl wenden, bis sie gleichmäßig überzogen sind, mit Salz und Pfeffer würzen.

Sardinen auf den Grill legen und bei starker Hitze 2 – 3 Minuten braten, bis die Haut leicht verbrannt und knusprig ist. Umdrehen und weitere 2 – 3 Minuten grillen. Die Fische lassen sich leicht umdrehen, wenn die Haut knusprig ist.

Während die Fische auf dem Rost sind, die Zitronenscheiben und die Tomatenhälften leicht mit Öl beträufeln und mit Salz und Pfeffer würzen. Auf dem Grill auf beiden Seiten 2 Minuten grillen, bis sie weich sind.

Die Tomatenmischung auf eine Servierplatte geben und die Sardinen darauf legen. Mit Salz und Pfeffer würzen und mit dem restlichen Zitronensaft und Olivenöl beträufeln. Die Zitronenscheiben und Tomatenhälften auf die Sardinen legen und servieren.

FRANCISCO FRANCO

1892 – 1975

Als zweitältester Sohn eines Marineoffiziers und Lebemanns und einer sehr religiösen Mutter geboren, war der schmächtige Francisco Franco zwar klein gewachsen, hatte aber große Ambitionen. Er strebte eine militärische Karriere an und erntete erste Anerkennung während des Krieges gegen die Berber in Spanisch-Marokko. Obwohl er auf strenge Disziplin achtete, war er unter den Soldaten beliebt, und seine militärischen Erfolge sorgten für eine rasche Beförderung. Nachdem er eine schwere Verwundung überlebt hatte, schrieb man ihm geradezu übernatürliche Eigenschaften zu.

Als 1931 die erzkatholische Monarchie von der Republik abgelöst wurde, 1936 die Volksfront-Regierung die Wahlen gewann und die Anarchisten in weiten Teilen des Landes die soziale Revolution ausriefen, brach für Franco eine Welt zusammen. Er entschloss sich zu einem Putsch und übernahm zunächst die Macht in Spanisch-Marokko, um von dort aus das Mutterland zu erobern, wodurch er einen drei Jahre dauernden Bürgerkrieg entfachte. Seine falangistischen Truppen bekamen Unterstützung von dem nationalsozialistischen Deutschland und dem faschistischen Italien. Deutsche Flugzeuge bombardierten 1937 Guernica – eine brutale Episode des Bürgerkriegs, die Picasso in seinem berühmten Gemälde verewigte. Zwei Jahre später hatte Franco das Land unter seiner Kontrolle und errichtete als El Caudillo de la Ultima Cruzada y de la Hispanidad (Führer des Letzten Kreuzzugs und der Hispanität) eine Diktatur nach seinen Vorstellungen.

Er war der körperlich kleinste Diktator Europas und verfügte über kein nennenswertes Charisma, sollte Spanien aber vier Jahrzehnte lang regieren. Es gelang ihm, sein Land aus dem Zweiten Weltkrieg herauszuhalten, indem er Hitlers Deutschland mit Nahrungsmitteln versorgte, die dort dringend gebraucht wurden. Der ultrakonservative Franco bereitete in seinen späteren Jahren die Restauration der spanischen Monarchie vor und erklärte Prinz Juan Carlos zu seinem Nachfolger. Nach dessen Thronbesteigung wurde jedoch die Demokratie wieder eingeführt.

»Sie sollen Delfin-Brote essen, wenn sie nichts anderes haben!«, rief General Franco aus, als 1940 in seinem Land eine schwere Hungersnot ausgebrochen war. Es war ein ebenso lächerlicher Vorschlag wie der von Marie Antoinette, das Volk solle doch Kuchen essen, wenn es kein Brot habe. Zum großen Glück der Delfine wurde Francos absurde Idee nie in die Tat umgesetzt.

Offenbar legte der Caudillo so großen Wert darauf, Spanien aus dem Zweiten Weltkrieg herauszuhalten, dass er damit riskierte, sein eigenes Volk verhungern zu lassen. Noch 1950 war der Fleischkonsum in Spanien nur halb so hoch wie Mitte der 1920er-Jahre. Der Verzehr von Brot hatte sich im Vergleich zum Jahr 1936, als der Bürgerkrieg ausbrach, ebenfalls halbiert.

Francos Bewunderung für Hitler ging allerdings nicht so weit, dass er dessen Ideen von der segensreichen Wirkung einer vegetarischen Lebensweise geteilt hätte. Im Gegenteil, er hegte sogar den Verdacht, alle Vegetarier seien in Wahrheit verkappte Sozialisten. Was für ihn ein guter Grund war, sich dem exzessiven Fleischkonsum hinzugeben. Er hatte einen gesunden Appetit und verstand keinen Spaß, wenn es ums Essen ging. Noch als Hauptmann in Marokko gab er den Befehl, einen Soldaten zu exekutieren, der einen Offizier mit Essen beworfen hatte.

Wenn er sich von seinem anstrengenden Leben als Caudillo erholen wollte, ging er auf die Jagd und entwickelte einen erstaunlichen Ehrgeiz darin, die größten Säugetiere zu erlegen, die er an Land oder im

Wasser finden konnte. Je älter er wurde, desto mehr begeisterte er sich für die Jagd. Damit glich er nun eher dem Autor mit Macho-Attitüde Ernest Hemingway als der Königin Marie Antoinette. »Riesige Thunfische zu jagen wurde zur Obsession für ihn«, notierte einer seiner Biografen, um anschließend die zahllosen Opfer von Francos Jagdbegeisterung aufzuzählen. So zog er während eines Fischzugs im Jahr 1958 vor der Küste Asturiens nicht weniger als sechzig Lachse aus dem Wasser, von denen einige mehr als dreißig Pfund wogen, um sich anschließend an einem zwanzig Tonnen schweren Wal abzuarbeiten. Im darauffolgenden Jahr schoss er fünftausend Rebhühner, und knapp zehn Jahre später, als er schon sechsundsiebzig Jahre alt war, gelang es ihm, einen zweiundzwanzig Tonnen schweren Wal anzulanden.

Genauso unermüdlich wie er seiner Beute nachstellte, war er, wenn es um die Führung des Staates ging. In seinen besten Jahren begann sein Arbeitstag um sieben Uhr morgens und endete um Mitternacht. Zeit für eine regelmäßige Siesta nahm er sich erst, als er schon über siebzig Jahre alt war. Seine mitunter neun Stunden dauernden Kabinettssitzungen waren eine Tortur für alle, die daran teilnehmen mussten, denn er beharrte darauf, sie in einem Rutsch durchzuziehen, ohne Pausen, weder für Erfrischungen, noch um zur Toilette zu gehen.

In seinen späteren Jahren jedoch torpedierten seine Jagdausflüge oder Tiefseefischerei-Aktionen den Arbeitsplan, weil sie von Samstag bis Montag dauerten. Wer die Absicht hatte, Einfluss auf General Franco zu nehmen, musste ihn auf diesen Exkursionen begleiten und gleichermaßen Blutdurst heucheln.

Francos kulinarische Hinterlassenschaft ist umstritten. Viele Spanier sind der Ansicht, die Restaurants in Madrid hätten donnerstags Paella auf der Speisekarte, weil es die Angewohnheit des Caudillo war, an diesem Wochentag sein Mittagessen in der Stadt einzunehmen. Kein Restaurantbesitzer hätte riskieren wollen, in Ungnade zu fallen, weil er das Lieblingsessen des Diktators nicht im Angebot hatte.

Dabei ist nicht mal bewiesen, dass die Paella wirklich sein Lieblingsessen war. Aber man kann durchaus sagen, dass die wichtigsten Zutaten dieses Gerichts – Hühnchen

und Garnelen – auf jeden Fall mit den sportlichen Interessen bzw. der Gier dieses Tyrannen nach Meeresfrüchten und Fleisch in Einklang stehen.

PAELLA GALLEGA

Für 8 Personen

Da die Fischerei an der galizischen Küste eine große Rolle spielt, wird die Paella aus Galizien traditionell mit Meeresfrüchten zubereitet. Das Gericht stammt ursprünglich aus Valencia. Sein Name stammt von dem valencianisch-katalanischen Wort für Pfanne.

1 Zwiebel, gehackt

1 rote Paprika, fein gehackt

1 gelbe Paprika, fein gehackt

3 – 4 Champignons, in Scheiben geschnitten

1 Chorizo, klein geschnitten

500 g Hühnchenfilets, in Stücke geschnitten

500 g Garnelen (Scampi oder Kaisergranat)

500 g verschiedene Muschelsorten

¼ TL Safran

300 g Tomaten, geschält, entkernt, gehackt oder Tomatenmark

800 g Paella-Reis (Arroz bomba oder ein Langkornreis)

Olivenöl

0,5 l trockener Weißwein

2 l Hühnerbrühe

100 g frische oder tiefgekühlte Erbsen und/ oder grüne Bohnen

Zwiebeln, Paprika, Champignons und Chorizo in Olivenöl bei mittlerer Hitze kurz anbraten. Hitze erhöhen und das Hühnchenfleisch in der Pfanne verteilen und gleichmäßig garen.

Mit Weißwein ablöschen, Safran darüber streuen und vermischen. Tomaten hinzufügen. Den Reis in die Pfanne streuen und die Hühnerbrühe angießen. 10 Minuten köcheln lassen.

Muscheln hinzufügen. Bei geringer Hitze weitere 10 – 15 Minuten köcheln. Der Reis braucht insgesamt ca. 30 Minuten Garzeit.

Den Ofen auf 180° C vorheizen.

Wenn fast alle Flüssigkeit vom Reis aufgenommen wurde, die Garnelen hinzufügen und die Erbsen darüber streuen.

Die Pfanne für 10 Minuten in den Ofen stellen.

Paella aus dem Ofen nehmen und abgedeckt einige Minuten ruhen lassen.

Pfanne in die Mitte des Tisches stellen, damit sich jeder bedienen kann.

JOSIP BROZ TITO

1892 – 1980

Der aus einfachen bäuerlichen Verhältnissen in Kroatien stammende Josip Broz Tito kämpfte im Ersten Weltkrieg in der Armee von Österreich-Ungarn gegen die Russen. Der ausgebildete Mechaniker und Metallarbeiter geriet in Kriegsgefangenschaft und wurde in den Ural deportiert, wo er für die Eisenbahn tätig war. Während der Revolution 1917 gelangte er nach St. Petersburg. Hier kam er mit kommunistischen Ideen in Kontakt. Während des russischen Bürgerkriegs kämpfte er aufseiten der Bolschewiki. Anschließend kehrte er in seine Heimat zurück und schloss sich der Kommunistischen Partei Jugoslawiens an. Im Zweiten Weltkrieg stieg er zum Führer der kommunistischen Partisanen auf, die schließlich das Land kontrollierten.

Von 1943 bis zu seinem Tod 1980 war Marschall Tito die unangefochtene Nummer Eins in Jugoslawien. Getreu seinem Wahlspruch »Brüderlichkeit und Einheit« gelang es ihm, die sechs jugoslawischen Teilrepubliken, die in der Vergangenheit oftmals ihre nationale Autonomie angestrebt hatten, jahrzehntelang zusammenzuhalten. Unbeeindruckt von den Drohungen Stalins, pochte er auf die Unabhängigkeit seines Landes, das eine führende Rolle in der Bewegung der Blockfreien Staaten einnahm. Seine diplomatischen Fähigkeiten und sein erfolgreicher »Dritter Weg« zwischen den Supermächten im Westen und Osten verschafften ihm internationalen Respekt. Während der 1960er- und 1970er-Jahre gelang es ihm, sein sozialistisches Modell der Arbeiterselbstverwaltung ökonomisch erfolgreich zu etablieren. Im Gegensatz zu anderen Ostblockländern genossen die Bürger Jugoslawiens volle Reisefreiheit.

In einem Nachruf der *New York Times* wurde Titos Jugoslawien als »einziger heller Fleck inmitten der grauen Tristesse Osteuropas« bezeichnet. Tito galt als Lebemann, der vielen Frauen die Ehe versprach – ein Versprechen, das er nicht immer hielt. Schon seine erste Verlobte ließ er in der Hochzeitsnacht sitzen. Seine vierte und letzte Ehefrau Jovanka, die ihm als glamouröse First Lady zur Seite stand, fiel als angebliche

sowjetische Spionin in Ungnade und wurde von der Außenwelt isoliert.

Josip Broz Tito war zweifellos ein widersprüchlicher Charakter und als »Kommunist mit Stil« eine Ausnahmeerscheinung im Ostblock.

Sein ganzes Leben lang bereiste er alle Kontinente mit Ausnahme von Australien und liebte es, gut zu essen und zu trinken. Es heißt, er habe sich nur ein einziges Mal einem kulinarischen Abenteuer verweigert: Als seine chinesischen Gastgeber ihm gebratene Spatzen vorsetzten, lehnte er mit der Begründung ab, es sei ihm leider nicht möglich, »die Proletarier im Reich der Vögel« zu verspeisen.

Für den stets elegant gekleideten Tito waren üppige Abendessen das perfekte Umfeld, um auf internationalem Parkett als Freibeuter aufzutreten. Hunderte von Staatschefs und zahllose internationale Berühmtheiten wurden von ihm bewirtet, oftmals an Bord seiner Luxusjacht Galeb (Möwe) auf Kreuzfahrt vor der wunderschönen kroatischen Küste. Sophia Loren war so begeistert von ihm, dass sie sich bei ihm zu Hause in der Küche betätigte. Während eines Staatsbesuchs des Präsidenten von Mali, der zum Abendessen auf die Galeb eingeladen wurde, diskutierten die beiden Staatschefs darüber, ob Frankreich Anrecht auf bestimmte Teile der Sahara habe oder nicht, während zu den Klängen von Paganini ein Feuerwerk gezündet wurde, das die Staatswappen von Jugoslawien und Mali in den Himmel malte.

Ganz privat waren Titos kulinarische Vorlieben von seiner ärmlichen Kindheit in den Bergen von Zagorje geprägt, wo ein richtig feines Essen bestenfalls aus einem Struklji (gefüllte Teigrolle) oder einem Happen vom geräucherten Schweinskopf bestand. Die Geschichte vom jungen Tito und dem Schweinskopf wurde im sozialistischen Jugoslawien schon den Grundschulkindern erzählt: Einmal, als Titos Eltern außer Haus waren und ihm die Aufsicht über seine Geschwister übertragen hatten, musste er feststellen, dass sie vor Hunger weinten. Da erinnerte sich der kleine Josip

daran, dass oben auf dem Dachboden ein geräucherter Schweinskopf hing, der dort für das Weihnachtsfest aufbewahrt wurde. Hungrig wie er war, überwand er seine Angst, holte das grässliche Ding herunter, kochte es und verteilte das Fleisch an seine Geschwister. Wenig später hatten alle furchtbare Bauchschmerzen, weil sie ein derart üppiges Essen gar nicht gewohnt waren. Als die Eltern zurückkehrten, waren sie voller Mitgefühl, und der kleine Tito entging der Strafe, die er eigentlich erwartet hatte.

Selbst im hohen Alter konnte Tito einem knusprig gebratenen Spanferkel nicht widerstehen. Bei dessen Anblick verschwendete er keine Zeit, sondern schnitt sich sofort eine Scheibe von dem fetttriefenden Fleisch ab und steckte es sich in den Mund. Zum Frühstück aß er am liebsten Buchweizengrütze mit gebratenem Speck oder Schweinebacke, dazu Spiegeleier.

Egal ob es sich um kulinarische Höchstleistungen oder bäuerliche Gerichte handelte, alle für Tito bestimmten Speisen mussten von einem extra dafür engagierten russischen Lebensmittelchemiker getestet werden. Erst wenn er die Speisen zum Verzehr freigab, durften sie dem Diktator vorgesetzt werden.

Sein Weingeschmack war patriotisch geprägt: Er liebte slowenischen Cviček, der aus roten und weißen Trauben vergoren wird, oder einen Rosé aus dem kroatischen Kutjevo.

STRUKLJI

Für 6 Personen

Diese vielseitig verwendbaren Teigrollen können im Ofen gebacken oder im Topf gekocht werden. Man serviert sie als Beilage zu Fleischragouts, als Hauptgericht mit Salat oder mit Zucker bestreut zum Dessert.

Teig:

500 g Weizenmehl

1 Ei

2 Esslöffel Sonnenblumenöl

1 Esslöffel Essig

250 ml lauwarmes Wasser

eine Prise Salz

Füllung:

4 Eier

1 Esslöffel zerlassene Butter

600 g Quark, Topfen oder auch Feta

100 ml saure Sahne oder Joghurt

2 Teelöffel Salz

Auf einer sauberen Arbeitsplatte mit den Händen Mehl, Ei, Öl, Essig, Salz und Wasser zu einem Teig verarbeiten.

Ungefähr 10 Minuten lang kneten, bis er weich und geschmeidig ist. Dann in drei gleiche Stücke teilen.

Die Arbeitsplatte mit Öl bepinseln und die drei Stücke darauf legen. Die Teigstücke oben und an den Seiten mit Öl bepinseln. Mit Folie bedecken und 30 Minuten ruhen lassen.

Für die Füllung die geschmolzene Butter mit dem Quark oder Feta vermischen. Die Eier, die saure Sahne und das Salz hinzufügen und gut verrühren.

Den Ofen auf 200° C vorheizen. Ein sauberes Küchenhandtuch mit Mehl bestäuben und mit den Händen gut verteilen. Das erste Teigstück darauf legen und mit einem Nudelholz zu einem Rechteck ausrollen. Anschließend mit den Händen noch etwas weiter auseinander ziehen.

Die geschmolzene Butter über den ausgebreiteten Teig träufeln. Ein Viertel der Quark- oder Joghurtmischung darauf streichen und dabei an allen Seiten einen zwei Zentimeter breiten Rand lassen.

Nun den Teig an der schmalen Seite hochnehmen und horizontal aufrollen. Wenn man die letzten zwei Zentimeter erreicht hat, den Teig dort mit geschmolzener Butter bestreichen und anschließend verschließen.

Mit einem Teller die Teigrolle in sieben Zentimeter lange Stücke teilen. Der Tellerrand sorgt dafür, dass die Füllung nicht austritt. Nun die beiden anderen Teigstücke auf die gleiche Weise bearbeiten. Auch hier jeweils ein Viertel der Füllung verwenden und das restliche Viertel übrig lassen.

Ein Backblech einfetten, die Strukljі nebeneinander darauf setzen, sodass sie sich berühren. Den Rest der Quark- oder Fetamischung darauf verteilen.

Ungefähr 45 Minuten backen.

Warm servieren.

ERICH HONECKER

1912 – 1994

Der langjährige Staatschef der Deutschen Demokratischen Republik dürfte der aussichtsreichste Anwärter auf den ersten Preis für politische Ahnungslosigkeit sein. Ende der 1980er-Jahre, als alles auf die Notwendigkeit politischer Veränderung hindeutete, stellte er sich stur und weigerte sich, die Zeichen der Zeit zu erkennen. Erst auf massiven Druck durch die Parteiführung stimmte der »Mann von beschränkter Urteilskraft« (Helmut Schmidt) seiner Entmachtung zu.

Als der sowjetische Staatschef Gorbatschow ihm andeutete, er müsse dringend einige Reformen in seinem Land angehen, antwortete Honecker so unbelehrbar wie naiv: »Wir haben unsere Perestroika durchgeführt. Bei uns gibt es nichts mehr zu verändern.«

Erich Honecker wurde als Sohn eines Bergarbeiters im Saarland geboren und trat im Alter von sechzehn Jahren dem Kommunistischen Jugendverband bei. Wegen seiner Untergrundtätigkeit während der Nazizeit wurde er 1937 zu zehn Jahren Zuchthaus verurteilt und kam 1945 dank des Vormarschs der Roten Armee wieder frei. Nachdem er zunächst in Ungnade fiel (u. a. wegen einer Affäre mit seiner Gefängniswärterin), machte er Karriere im SED-Parteiapparat. Er war Mitbegründer der Freien Deutschen Jugend, deren Vorsitzender er bis 1955 blieb, und tat sich 1961 bei der Organisation des Baus der Berliner Mauer hervor. Er war auch für den Schießbefehl an der Grenze verantwortlich und damit indirekt für den Tod von Hunderten Ostdeutschen, die versuchten, aus ihrem Land zu flüchten.

Auch wenn er nach außen hin eher wehleidig und linkisch wirkte, war Honecker durchaus den Frauen zugetan. Ironischerweise war der Mann, der sein ganzes Volk einkerkerte, mit zwei Gefängniswärterinnen liiert, von denen er eine sogar heiratete. Mit der ehelichen Treue nahmen es die beiden Honeckers nicht so genau, aber ihre Verbindung blieb bestehen. Nach seiner Entmachtung im Oktober 1989 wurde er wegen der Todesfälle an der innerdeutschen Grenze angeklagt, dann aber aus gesundheitlichen Gründen freigelassen. 1994 starb er im chilenischen Exil.

»Wer mich kennt, weiß, dass ich vor allem Wasser und nur wenig Wein getrunken habe«, erinnerte sich Honecker einmal an die Trinkgewohnheiten während seiner Amtszeit. Er führte weiter aus: »Jeden Morgen aß ich ein oder zwei Brötchen mit Butter und Honig. Zur Mittagszeit befand ich mich im Zentralkomitee, wo ich entweder Würstchen mit Kartoffelbrei, Makkaroni mit Speck oder Gulasch zu mir nahm ...«

Dank der Ostalgie, die sich einige Jahre nach dem Ende der DDR ausbreitete, gibt es inzwischen in Berlin Museen, die den Alltag im realen Sozialismus zum Thema haben. Wie viele Menschen aber wirklich wehmütig an Erich Honeckers Herrschaft zurückdenken, wenn sie in einer Berliner Gaststätte dessen Lieblingsgericht bestellen, ist nicht verbürgt. Viele können es nicht sein, auch wenn sich Sauerkraut mit Kasseler weiterhin großer Beliebtheit erfreut. Honecker liebte deftige Mahlzeiten. Das Rauchen und das Trinken hingegen gab er auf, nachdem er mit Rückendeckung der sowjetischen Führung seinen Vorgänger Walter Ulbricht abgesetzt hatte, um selbst die Macht im Staat zu übernehmen.

Das SED-Regime bemühte sich sehr, im kulturellen Bereich den Einfluss des »dekadenten Westens« zu bekämpfen. Und nirgendwo war man diesbezüglich erfolgreicher als beim Essen. Die französische Küche galt als großbürgerlich und war deshalb verpönt. Italienische Gastarbeiter, die Pizza und Spaghetti nach Westdeutschland brachten, gab es nicht. Man konzentrierte sich lieber darauf, Produkte der sozialistischen Bruderländer wie Letscho oder Soljanka zu propagieren.

Statt Pizza gab es Krusta, statt Brathuhn Broiler, und Bockwurst mit Ketchup und Brötchen wurde Ketwurst (Wurst mit Ketchup) getauft. Der Hamburger wurde in Grilletta umbenannt. Statt Coca-Cola trank man eine sozialistische Alternative namens Vita Cola, die weniger süß war, herber schmeckte und nach dem Fall der Berliner Mauer für kurze Zeit verschwand. Seit 1994 wird sie wieder in Ostdeutschland angeboten und macht dem amerikanischen Original auch unter kapitalistischen Verhältnissen ernsthaft Konkurrenz.

Wenn es in der DDR zu Versorgungsengpässen kam, versuchte man, stets das Beste daraus zu machen, und dachte sich entsprechende Propagandaslogans aus. Um den Proteinbedarf der Bevölkerung zu decken, wurde der Verzehr von reichlich vorhandenem Hering gefördert: »Zweimal Fisch pro Woche und du bleibst schlank und gesund!«, hieß es. Kamen ausländische Staatsgäste zu Besuch, musste sich die Staats- und Parteiführung trotz allem von ihrer »dekadenten« Seite zeigen, um nicht als eine Bande von armen Schluckern zu gelten. Für das erste Bankett, zu dem ein westlicher Staatschef, der finnische Präsident Urho Kekkonen, eingeladen wurde, fuhr die sozialistische Republik alles auf, was ihr an kulinarischem Luxus einfiel: Fruchtcocktail mit Curry-Creme, Perlhuhn-Consommé mit Champignons, Lamm-Medaillons auf Artischocken, Schweinerollbraten gefüllt mit Apfel und Rosinen und zum Nachtisch Rotwein-Gelee. Dank des 1999 erschienenen Ostalgie-Kochbuchs *Essen wie Erich* können wagemutige Köche heute wieder diese und ähnliche Speisenfolgen der DDR-Staatsbankette nachkochen.

KASSELER MIT SAUERKRAUT

Für 6 Personen

Ein Kasseler Kotelett ist ein Stück gepökeltes Schweinefleisch, das jeder deutsche Schlachter vorrätig hat. Sauerkraut kann man im Herbst und Winter auf dem Markt und in Reformhäusern oder Bio-Supermärkten frisch kaufen oder das ganze Jahr über in Dosen.

50 g Butter oder Schweineschmalz

1 Zwiebel, fein gehackt

700 g Sauerkraut, frisch oder aus der Dose

0,5 l trockener Weißwein

8 zerdrückte Wacholderbeeren

6 Kasseler Koteletts

Das Fett in einem Schmortopf erhitzen und die Zwiebeln bei mittlerer Hitze 3 Minuten anschmoren.

Mit dem Wein ablöschen und das Sauerkraut und die Wacholderbeeren hinzufügen. Aufkochen.

Hitze reduzieren, das Fleisch auf das Kraut legen und ca. 45 Minuten köcheln, bis die Flüssigkeit zum größten Teil verkocht ist. Eventuell Salz und Pfeffer hinzufügen.

Mit Kartoffelpüree servieren.

NICOLAE CEAUSESCU

1918 – 1989

Schuster von Beruf und seit 1932 in der kommunistischen Bewegung aktiv, arbeitete sich Nicolae Ceauşescu nach dem Zweiten Weltkrieg zielstrebig in der Nomenklatura der Rumänischen Arbeiterpartei hoch, um 1965 die Macht im Staat zu übernehmen. Seit Ende der 1960er-Jahre bemühte sich Ceauşescu, sein Land dem Einfluss Moskaus zu entziehen. Das führte zu einer Annäherung Rumäniens an den Westen und bescherte dem Land einen gewissen Wohlstand. 1968 lehnte er den Einmarsch der sowjetischen Truppen in der Tschechoslowakei mit scharfen Worten ab.

Das hinderte ihn jedoch nicht daran, einen extravaganten Personenkult um sich zu inszenieren und sich als »Conducator« (Führer) bezeichnen zu lassen. In Gedichten ließ er sich als Titan der Titanen, großer Kommandant, glorreiche Eiche, irdischer Gott, Genie der Karpaten und Sohn der Sonne feiern. Seine Frau Elena stilisierte sich zur Mutter der Nation. Gleichzeitig errichtete das Ehepaar mithilfe des berüchtigten Geheimdienstes Securitate eine Terrorherrschaft, arbeitete mit arabischen Terrororganisationen und internationalen Drogenhändlern zusammen und betrieb Wirtschaftsspionage im großen Stil. Trotz alledem wurden die beiden während ihres Staatsbesuchs in Großbritannien von Queen Elizabeth empfangen. Ceauşescu führte sein Land wie ein Gutsherr und schaffte es sogar, sämtliche Auslandsschulden zu tilgen. Als sein Geheimdienstchef 1978 in den USA um Asyl bat und aus dem Nähkästchen plauderte, verlor der Diktator die Unterstützung des Westens. Das von ihm ausgerufene »goldene Zeitalter« blieb eine hohle Phrase, weil die rücksichtslose Industrialisierung den Niedergang der Landwirtschaft bewirkte. Ceauşescus Image im Westen war endgültig zerstört,

als er Pläne zur Zerstörung der rumänischen Dörfer vorlegte, die durch agrarindustrielle Zentren ersetzt werden sollten.

Seine Frau Elena stattete sich mit dubiosen akademischen Titeln aus und entwickelte einen sehr extravaganten Lebensstil, wodurch sie dem Volk noch verhasster wurde als ihr Mann. Im Dezember 1989 wurde das Ehepaar durch einen Staatsstreich von Reformern aus der kommunistischen Partei gestürzt, die sich einen Volksaufstand zunutze machten, der von der ungarischen Minderheit angestoßen worden war. Am 25. Dezember 1989 wurden Ceauşescu und seine Frau von einem militärischen Sondergericht zum Tode verurteilt und sofort erschossen. Die Bilder der Hinrichtung gingen während der Weihnachtsfeiertage rund um den Globus.

Nicolae Ceauşescu liebte einfaches, gesundes Essen.

Eines seiner Lieblingsgerichte war eine vegetarische Lasagne, bestehend aus übereinander geschichteten Lagen von Spinat und Pfannkuchen, bedeckt mit einer Creme aus Ei und saurer Sahne. Sehr gern mochte er auch »Piftie din Crap Romanesc« (Karpfen in Aspik). Aber er war auch mit einem simplen Salat aus Tomaten, Zwiebeln und Feta zufrieden, den er zum Steak aß, vor allem in seinen späteren Jahren. Der Koch der Familie Ceauşescu erinnerte sich daran, wie eine schlichte Tomatensuppe die Begeisterung des Diktators weckte: »Ach, wie gut das duftet!«, rief er aus. »Lasst uns gleich mal probieren, ob es auch so gut schmeckt, wie es riecht!« Ceauşescu verabscheu-

te jede Form von Verschwendung, auch in der Küche. Daher verwundert es nicht, dass er ein besonderes Faible für die »Tocanita de Pui cu Mamaliguta« hatte, einen Eintopf, bestehend aus einem ganzen Hühnchen, das komplett mit Kopf und Füßen gekocht wird. Dazu trank er einen tiefgelben Galbenă de Odobesti, einen trockenen Wein aus dem Ostteil des Landes. Elena liebte die Coliva, ein Gericht, das in Rumänien traditionell auf Beerdigungen gegessen wird und dessen Hauptbestandteile Getreide und Nüsse sind. Dazu trank sie bevorzugt ein Gläschen Champagner.

Je länger seine Schreckensherrschaft dauerte und je mehr er sich mit anderen Diktatoren verglich, umso größer wurde Ceauşescus Angst vor einem Giftanschlag. Fidel Castro vertraute ihm an, dass er einmal umgebracht werden sollte, indem man seine Stiefel vergiftete. In den 1980er-Jahren nahmen Ceauşescus Ängste paranoide Züge an. Er trug niemals die gleichen Kleider ein zweites Mal und wusch sich ständig die Hände mit medizinischem Alkohol.

Aber die größten Vorkehrungen zur Verhinderung einer Vergiftung traf er bei seinen Nahrungsmitteln. Wenn er zu Auslandsreisen aufbrach, nahm er einen Chemiker aus der Abteilung Fünf der Securitate mit, der ein mobiles Labor dabeihatte, um noch den kleinsten Krümel, den der Diktator zu sich nahm, auf seine Verträglichkeit zu untersuchen.

Zu Hause mussten sämtliche Speisen des Diktators von einem Vertrauten aus dem engsten Kreis angerichtet und in einem geschlossenen Servierwagen durch die Zimmerfluchten des Palastes transportiert werden. Die Nummer des Schlosses wurde jeden Tag geändert und war nur einem Kammerdiener bekannt. Ceauşescu war berüchtigt dafür, Speisen wegzuwerfen, die nicht geprüft worden waren. Bei offiziellen Banketten leerte er alle Teller, die ihm serviert wurden, auf dem Boden aus und kickte das Essen so weit wie möglich von sich weg.

Sein jugoslawischer Kollege, der Bonvivant und Genießer Josip Broz Tito, beschrieb einmal voller Missbilligung, wie Ceauşescu während eines Mittagessens nichts weiter zu sich nahm als einen selbst mitgebrachten Gemüsesaft, den er durch einen Strohalm saugte.

COLIVA

Für 6 Personen

Dieser Kuchen wird traditionell für Beerdigungen oder Totenfeiern zubereitet. Dank des hohen Getreideanteils ist er reich an Ballaststoffen.

500 g Roggenkörner

300 g Kristallzucker

300 g Walnüsse

3 Teelöffel Vanilleextrakt

Honig, Rosinen, Zitronat, Orangeat, Sesam, Mandeln nach Belieben

einen Spritzer Rum

Der Kuchen wird gerne mit religiösen Motiven dekoriert, wozu man getrocknete Früchte, Kakaopulver, Zimtpulver, geraspelte Kokosnuss und Zuckerguss verwenden kann.

Die Roggenkörner unter fließendem Wasser abspülen.

Das Getreide mit einer Prise Salz und der dreifachen Menge Wasser aufkochen. Bei geringer Hitze eineinhalb Stunden köcheln lassen. Den Schaum, der sich auf der Oberfläche absetzt, abschöpfen.

Den Topf erst dann von der Flamme nehmen, wenn das gesamte Wasser aufgesogen oder verdunstet ist und die Körner sich geöffnet haben. Sie müssen so weich sein, dass man sie mit den Fingern zerdrücken kann.

Jetzt den Zucker hinzufügen und 4 bis 5 Minuten gut verrühren, sodass nichts mehr am Boden oder den Rändern des Topfes klebt. Nach Belieben Walnüsse und Rosinen usw. untermischen. Rum hinzufügen, abkühlen lassen und auf eine Servierplatte stürzen.

Mit Zuckerguss überziehen und nach eigenem Geschmack dekorieren.

NAHER
OSTEN

سمك بالتنور

SADDAM HUSSEIN

1937 - 2006

Vaterlos in Armut aufgewachsen und ohne Gelegenheit, die Schule zu besuchen, konnte der spätere irakische Diktator Saddam Hussein mit zehn Jahren weder lesen noch schreiben. Sein Stiefvater stiftete ihn zum Diebstahl von Eiern und Hühnern an und verprügelte ihn oft, im Dorf war er ein Außenseiter. Das änderte sich, als ein Onkel sich seiner annahm und ihn zur Schule schickte. Er studierte in Kairo, trat der verbotenen sozialistischen Baath-Partei bei und wurde nach deren Machtergreifung 1968 Chef der Staatssicherheit und ein Jahr später Vizepräsident. Zehn Jahre später wurde er Staatspräsident und konnte seine Herrschaft dank der großen Ölvorkommen im Irak zementieren.

Die Heirat mit seiner ersten Frau Sadschida Talfah, der Tochter seines Onkels, wurde bereits in jugendlichem Alter beschlossen. Mit ihr war er vierzig Jahre lang verheiratet, erst später kamen noch zwei weitere Frauen hinzu. Allerdings soll er auch zahllose Affären gehabt haben. Mit dem Anwachsen seiner Macht wuchsen auch die extravaganten Ansprüche und Lebensgewohnheiten seiner Familienmitglieder. Sadschida erging sich in millionenschweren Einkaufstouren in New York oder London. Sein Sohn Udai führte das Leben eines Playboys, sammelte teure Luxusautos, veranstaltete extravagante Partys und erfreute sich an brutalen bis tödlichen Machtspielen.

Der »unersetzliche Führer«, wie Saddam sich selbst nannte, bekämpfte die Kurden im Norden seines Landes mit chemischen Waffen, machte schiitische Dörfer im Süden dem Erdboden gleich und führte einen acht Jahre dauernden Krieg gegen den Iran. Als er 1990 das Nachbarland Kuwait besetzte, griffen die USA den Irak an, besiegten Saddams Armee und unterwarfen sein Land harschen Sanktionen. 2003 behaupteten die USA, der Irak würde über ein großes Arsenal an Massenvernichtungswaffen verfügen, und griffen gemeinsam mit der »Koalition der Willigen« das Land zum zweiten Mal an. Nach dem Sieg der Alliierten tauchte Saddam unter, wurde aber von ameri-

kanischen Soldaten aufgespürt, von einem irakischen Gericht zum Tode verurteilt und hingerichtet.

Trotz seines berüchtigten verschwenderischen Lebensstils war Saddam Hussein kein Gourmet. Sein Sohn Qusai hingegen legte Wert auf kulinarische Finesse: »Wenn wir uns nur für Nahrungsaufnahme interessieren, werden wir früher oder später als Würmer oder Hühner enden.« Saddam war es wichtig, Männlichkeit und Stärke zu demonstrieren. Er bemühte sich, schlank und fit zu bleiben, ging täglich schwimmen und ließ sich seine Anzüge vorteilhaft nach Maß schneidern. Er achtete immer darauf, nicht zu große Portionen zu verzehren, und ließ oft die Hälfte auf seinem Teller liegen. Er war besessen von Sauberkeit und vertrat die Ansicht, man sollte zweimal am Tag baden, denn: »Es schickt sich nicht, an einer Versammlung teilzunehmen oder sich mit Kindern abzugeben, wenn man Körperausdünstungen verbreitet und einen süßen Gestank vermischt mit Schweißgeruch verströmt.« Seiner Ansicht nach galt das vor allem für Frauen.

Alles was auf seinem Teller landete, kam frisch vom Land und wurde zweimal pro Woche in seinen Palast eingeflogen – ob es sich nun um halbe Lämmer oder Rinder handelte (immer schon von Fett befreit), um frische Krabben, lebende Hummer oder seine Lieblingsoliven von den Golan-Höhen. Alle Lebensmittel wurden von Experten auf Gift oder Radioaktivität untersucht. Aus Sicherheitsgründen bereiteten die Küchen-Crews in seinen zwanzig Palästen jeden Tag simultan drei Mahlzeiten zu. Seine Angst vor einem Giftanschlag wurde immer größer, und er ließ einmal seinen ältesten Sohn Udai verprügeln und ins Gefängnis werfen, nachdem dieser einem seiner Vorkoster die Kehle aufgeschlitzt hatte. Auf seinen Auslandsreisen hatte er immer eigene Köche dabei. Seit 1979 verband ihn eine Freundschaft mit dem kubanischen Diktator Fidel Castro, der ihn regelmäßig mit Zigarren versorgte.

Saddam hatte eine besondere Vorliebe für Fisch und Meeresfrüchte, mageres Fleisch, Gemüse und Obst, aber er liebte auch die traditionelle beduinische Küche. Zu seinen Hauptmahlzeiten trank er gern ein Glas Rosé-Wein, zum Frühstück hingegen bevorzugte er ein Glas Kamelmilch sowie Brot und Honig. Hin und wieder gönnte er sich auch ein Glas Old Parr, einen zwölf Jahre alten schottischen Whisky. Sein Bestreben, unbedingt das Gewicht zu halten, wurde immer wieder torpediert durch seine Gelüste auf Süßigkeiten der Marke Quality Street, die er gern seinen Gästen anbot.

Abu Nawaas, Besitzer eines Fischrestaurants in Bagdad, erinnert sich noch daran, wie die Leibwächter von Saddam zweimal pro Woche zu ihm kamen und Bestellungen für Fisch aufgaben. Iraks Nationalgericht Masgouf (gegrillter Karpfen) war auch das Lieblingsessen des Diktators. Es heißt, der französische Präsident Jacques Chirac sei von dieser Spezialität, die er bei mehreren Gelegenheiten von Saddam vorgesetzt bekam, begeistert gewesen. Chirac äußerte sich derart positiv darüber, dass Saddam ihm eines Tages eine halbe Tonne davon per Flugzeug als Geschenk schickte.

Einer von Saddams Küchenchefs erzählte, der Präsident hätte ihn des Öfteren um fünf oder sechs Uhr morgens aus dem Bett geholt, damit er seine Küchenmannschaft zusammentrommelte, um den Fisch zu grillen, den der Diktator gerade geangelt hatte. Es gab sogar Tage, an denen Saddam in der Küche erschien, um selbst bei der Zubereitung mitzumachen, weil ihm das dabei half, sich zu entspannen. Er beschäftigte außerdem einen indischen Koch, dessen Linsensuppe und Biryani mit Hühnchen er sehr liebte. Allerdings legte er Wert darauf, dass auch die indischen Gerichte nicht zu stark gewürzt wurden. Als er einmal in Gesellschaft seines Geheimdienstchefs Oliven aß und dabei die Kerne ausspuckte, erklärte er: »Genau so werde ich eines Tages die Israelis ausspucken und aus ihrem Land vertreiben.«

In den Wochen nach dem verlorenen Krieg 2003, als er sich in einer Hütte mit nur zwei Räumen vor den Amerikanern versteckt hielt, musste der Geflüchtete sich mit recht bescheidenen Genüssen zufriedengeben. Nach seiner Festnahme fand man in seinem Kühlschrank ein paar Eier, Honig und Pistazien, außerdem einen halb verzehrten Tomatensalat und auf einem Tisch eine fast leere Bounty-Schachtel.

SAMAK MASGOUF

Für 4 – 6 Personen

Das Nationalgericht des Irak wird in Bagdad von vielen Restaurants in der Nähe des Tigris angeboten, wo sich die Gäste den noch lebenden Karpfen in einem Wassertank aussuchen können.

2 Karpfen (oder ein anderer großer Süßwasserfisch)

3 Esslöffel Olivenöl

2 Esslöffel grobes Meersalz

1 Esslöffel Tamarindenmark

1 Teelöffel Kurkuma

schwarzer Pfeffer

500 g Tomaten, gehäutet, entkernt und gewürfelt

2 Zwiebeln, sehr dünn geschnitten

Salz, Pfeffer und/oder andere Gewürze nach Wahl

Holzkohle in einer Grillschale anzünden.

Den Fisch am Rücken einschneiden und längs halbieren, ohne die Haut zu beschädigen. Ausnehmen und waschen.

Fischhälften auf der Innenseite mit Tamarindenmark, Kurkuma und Olivenöl bestreichen.

Beide Fischhälften werden quer mit je zwei Spießen durchbohrt, damit sie aufrecht dicht neben dem Holzkohlefeuer stehen können.

Das Feuer auf dem Grill sollte gleichmäßige hohe Flammen entwickeln, damit die Außenseite des Fisches gelegentlich erreicht wird und langsam anbrennt, um den erwünschten rauchigen Masgouf-Geschmack zu erhalten. Je nach Größe des Fisches dauert es eine oder mehrere Stunden, bis er gar ist.

In der Zwischenzeit kann man vorbereitete Meze essen und die Tomatensauce zubereiten.

Dafür Öl in einer Pfanne erhitzen. Zwiebeln hinzugeben, leicht schmoren, dann die Tomaten einrühren. Salz, Pfeffer und Gewürze hinzufügen. Zu einer sämigen Sauce einkochen.

Den Fisch auf eine Servierplatte legen, mit der Sauce und sauer oder salzig eingelegtem Gemüse umgeben und dazu frisch gebackenes Fladenbrot reichen.

MUAMMAR AL-GADDAFI

1942 – 2011

Der spätere »König der Könige« wurde als Sohn einer Nomadenfamilie in einem Zelt in der Nähe von Sirte geboren. Er studierte Geschichte und Jura an der Universität Bengasi, gab das Studium aber auf und strebte eine Offizierslaufbahn an. Nach einer militärischen Ausbildung im britischen Beaconsfield organisierte er an der Spitze eines »Bunds der Offiziere« einen unblutigen Putsch und übernahm 1969 die Macht in seinem Heimatland.

Er hatte zwei Ehefrauen, zahlreiche Geliebte, eine Tochter und sieben Söhne, von denen einige erfolgreiche Unternehmer wurden, während andere vor allem durch spektakuläre Missetaten im Ausland auf sich aufmerksam machten. Sein Sohn Al-Saadi spielte als Profi beim italienischen Fußballklub Perugia Calcio und wurde des Dopings überführt. Sein zwei Jahre jüngerer Bruder wurde zusammen mit seiner späteren Frau Skaf in der Schweiz verhaftet, nachdem die beiden in einem Genfer Hotel zwei Angestellte bedroht und misshandelt hatten. Aufgrund dieser Affäre kam es zu »Vergeltungsmaßnahmen« durch Gaddafi, der Schweizer Staatsbürger verhaften und Diplomaten ausweisen ließ und sich in seiner Wut ausmalte, das ganze Alpenland zu vernichten. Auch mit Italien legte er sich an, als er dessen Staatsbürger des Landes verwies und italienische Ölfirmen verstaatlichte.

In seinem berühmten Werk *Das grüne Buch* legte er seine »Dritte Universaltheorie« dar, die eine Vereinigung der arabischen und afrikanischen Völker und eine »Herrschaft der Massen« in Form einer direkten Demokratie propagierte, was ihn aber nicht daran hinderte, sich zum unfehlbaren »Revolutionsführer« zu stilisieren. Außenpolitisch ähnelten seine Ideen dem Dritten Weg und der Blockfreiheit des jugoslawischen Staatschefs Tito. In der Praxis aber griff er zu wenig zivilisierten Mitteln und ordnete verschiedene berüchtigte Terroraktionen im Ausland an. Er versorgte die IRA mit Waffen, ließ libysche Dissidenten ermorden, sein Geheimdienst soll 1986 in den Bombenanschlag auf die Berliner Diskothek La Belle verwickelt gewesen sein und verübte 1988 den Anschlag

auf die Passagiermaschine der Fluggesellschaft PAN AM über dem schottischen Lockerbie.

Gaddafi überstand mindestens ein Dutzend Anschläge auf seine Person und wurde während des libyschen Bürgerkriegs 2011, in den sich die NATO mit Bombenangriffen einschaltete, von Rebellen aufgespürt, misshandelt und umgebracht.

Der selbst ernannte »Führer der arabischen Welt und Imam aller Moslems«, der sich von engen Vertrauten als »Bruder Führer« oder »Papa« ansprechen ließ, wurde von der Weltöffentlichkeit im Allgemeinen als größenwahnsinniger Terrorist abqualifiziert.

Tatsächlich legte er großen Wert auf übertriebene Inszenierungen um seine Person. So hielt er sich zum Beispiel eine Amazonen-Garde aus dreißig bis vierzig »Jungfrauen«, die an einer speziellen Schule für Offizierinnen in Kampfkunst und Schusswaffengebrauch ausgebildet wurden. Sie trugen Kampfanzüge im westlichen Stil, Make-up, Lippenstift und High Heels, was dem sonst üblichen Frauenbild in muslimischen Ländern widersprach. Außerdem beschäftigte er Krankenschwestern, die dafür zu sorgen hatten, dass er gesund blieb und jugendlich wirkte. Seine Angst vor ansteckenden Krankheiten war zwanghaft. Dem natürlichen Alterungsprozess versuchte er, mittels Haartransplantationen und plastischer Chirurgie entgegenzuwirken. Sein Gebiss jedoch schien über alle Zweifel erhaben zu sein, zumindest war dies die Ansicht der Zeitung *Al Zaht al Akhdar*, in der es hieß: »Seine Zähne sind von Natur aus immun gegen jede Verunreinigung. Wenn er sie zu einem Lächeln entblößt, leuchten sie so weiß, dass ihre Strahlen alle, die das Glück haben, in seiner Nähe zu sein, mit großer Glückseligkeit erfüllen.« Auf dieses Glück hofften wohl die siebenhundert italienischen Frauen, die sich 2009 auf eine Zeitungsanzeige meldeten, mit der er attraktive Frauen unter fünfunddreißig Jahren suchte, die sich mit ihm treffen wollten. Zwei Jahre zuvor hatte er schon ein ähnliches Massen-Rendezvous mit eintausend französischen Frauen inszeniert.

Seine gesunden weißen Zähne verdankte der Staatschef möglicherweise seinem regelmäßigen Konsum von Kamelmilch. Es wird allerdings auch behauptet, er habe davon Verdauungsprobleme bekommen. Ob das der Wahrheit entspricht, sei dahingestellt, genauso wie die Behauptung, er hätte seine Blähungen dazu benutzt, um in Gesprächen mit seinen Gästen bestimmte Aussagen besonders zu unterstreichen, wie der BBC-Journalist John Simpson berichtete. Jedenfalls wurde dem britischen Premierminister Tony Blair vor seinem Besuch in Gaddafis Zelt nahegelegt, sich auf keinen Fall ein Glas Kamelmilch aufdrängen zu lassen.

Der überaus gastfreundliche Gaddafi war allerdings nicht so leicht zufriedenzustellen, wenn er seinerseits Staatsbesuche machte. Als er 1989 nach Belgrad reiste, bestand er darauf, direkt vor seinem Hotel ein Zelt errichten zu dürfen, um darin zu übernachten, während zwei Pferde und sechs Kamele in der Nähe grasten. Die Kamele waren dazu da, ihn mit Milch zu versorgen. Als er zwanzig Jahre später anlässlich einer Reise zu den Vereinten Nationen die gleiche Inszenierung im Central Park veranstalten wollte, wurde ihm das untersagt, was ihn schwer erzürnte.

In Übereinstimmung mit den Geboten des Islam und den Lehrsätzen seines Grünen Buches trank Gaddafi nicht und verbot den Konsum von Alkohol in seinem Land. Aber auch mit Coca-Cola oder Pepsi konnte er sich nicht anfreunden. Bei einem Besuch im westafrikanischen Conakry in Guinea erklärte er: »Immer wenn ich mit jemandem über Pepsi-Cola oder Coca-Cola spreche, heißt es, es sei ein amerikanisches oder europäisches Getränk. Das stimmt aber nicht. Die Kola-Pflanze stammt aus Afrika. Sie haben die Früchte des afrikanischen Kola-Baums billig erworben und produzieren daraus ein Getränk, das sie uns teuer wieder verkaufen. Warum sind Pepsi-Cola und Coca-Cola so teuer? Weil sie unsere Kola-Pflanze gestohlen haben und sie uns auf diese Weise zurückverkaufen. Wir sollten diese Getränke lieber selbst produzieren und ihnen verkaufen.«

Trotz der Vertreibung der Italiener aus Libyen während der ersten Jahre seiner Herrschaft war Gaddafi ein enger Freund von Silvio Berlusconi und liebte die italienische Küche. Teigwaren mochte er besonders, und bei den Nudeln bevorzugte er Makkaroni. Die von den Italienern beeinflusste libysche Küche kennt ebenfalls makkaroniartige Nudeln, die Mbekbka heißen. Allerdings werden hier die Nudeln in der Sauce gegart, damit diese mit dem Aroma der Pasta angereichert wird, anders als bei der italienischen Methode, die Nudeln in Wasser zu garen, um sie anschließend mit der Sauce zu vermischen.

Gaddafi mochte einfache Speisen, egal ob sie libyschen oder italienischen Ursprungs waren. Vor allem aber liebte er Kamelfleisch mit Couscous.

KAMELFLEISCH MIT COUSCOUS

Für 6 Personen

Kamelfleisch kann man im Internet bestellen, zumeist ist es australischer Herkunft. Es muss bei geringer Hitze lange gegart werden. Man kann es aber auch sehr gut durch Lamm- oder Rindfleisch ersetzen. Der Höcker gilt beim Kamel als der wertvollste Teil. Das unten stehende Rezept wird mit traditionellem Couscous zubereitet, nicht mit der Instant-Variante, die heute häufig angeboten wird. Für die traditionelle Zubereitung ist eine Couscousière sehr nützlich. Sie besteht aus zwei übereinander gestellten Töpfen, einem kleineren Kiska mit Löchern im Boden, der auf den unteren Topf, den Gdrah gesetzt wird. Unten wird das Fleisch mit Gemüse in einer Brühe gegart, oben das Couscous durch den aufsteigenden Dampf. Behelfsmäßig kann man auch ein Sieb auf einen Topf setzen und den Deckel darauf legen.

3 Esslöffel Olivenöl

2 mittelgroße Zwiebeln, fein gehackt

200 g Kichererbsen, über Nacht eingeweicht

2 Esslöffel Tomatenmark

Salz und Pfeffer

2 Teelöffel Zimtpulver

1 l Wasser

Rosenwasser

1 kg Kamelfleisch, in Würfel geschnitten

2 Zimtstangen

3 Kardamomschoten

2 Lorbeerblätter

2 Teelöffel Cayennepfeffer

500 g Couscous (traditionell, nicht instant)

(Man kann auch getrocknete Pflaumen oder Sultaninen dazugeben, um dem Fleisch einen leicht süßen Geschmack zu verleihen.)

1 EL Olivenöl in der Pfanne erhitzen und die Hälfte der Zwiebeln darin leicht anbräunen. Die Kichererbsen, 1 TL Tomatenmark, 1 TL Zimtpulver sowie Salz und Pfeffer hinzufügen und 150 ml Wasser angießen.

Die Hitze reduzieren und 55 Minuten köcheln. Wasser hinzufügen, wenn nötig. Mit Rosenwasser beträufeln. Vom Feuer nehmen, abdecken und beiseite stellen.

2 EL Olivenöl erhitzen und darin das Kamelfleisch anbraten. Die Zwiebeln hinzufügen und mitdünsten. Zimtstangen, Kardamom und Lorbeerblätter hinzugeben. Umrühren und kochen, bis das Fleisch gut gebräunt ist. Das restliche Tomatenmark, den Cayennepfeffer sowie die Kichererbsen-Mischung hinzufügen, verrühren und in den unteren Topf der Couscousière füllen. 800 ml Wasser angießen und leicht zum Kochen bringen.

Couscous in einer mittelgroßen Schüssel mit 1 TL Salz, einem Spritzer Rosenwasser und den restlichen 50 ml Wasser vermengen. In den oberen Teil der Couscousière geben.

Den oberen Topfteil auf den unteren stellen. Bei geringer Hitze gleichzeitig das Fleisch garen und das Couscous dämpfen, was ungefähr 90 Minuten dauert.

AFRIKA

HASTINGS KAMUZU BANDA

Nachdem sich der Malawier Kamuzu Banda von einem schottischen Missionar hatte taufen lassen, nahm er dessen Namen Hastings zum Vornamen und begann mit dem Medizinstudium in den USA und Schottland. Anschließend arbeitete er als Armenarzt in Liverpool und eröffnete eine Praxis in Ghana. Dort engagierte er sich in der Unabhängigkeitsbewegung, die sein Heimatland aus der Föderation mit Rhodesien lösen wollte, und gehörte zu den Gründern der Malawi Congress Party. In sein Heimatland kam er erst als Sechzigjähriger wieder zurück, nach zweiundvierzig Jahren Abwesenheit. Im Jahr 1961 führte er sein Land in die Unabhängigkeit und trat fortan sehr extravagant als Gentleman im dreiteiligen Anzug mit Homburg-Hut, Spazierstock und Fliegenpeitsche auf. Er unterhielt gute Kontakte zum Westen und sogar zum Apartheid-Regime von Südafrika.

Auch wenn er sich immer wieder lautstark für die Rechte der Frauen einsetzte und ihre Bildung förderte, stand ihm jederzeit eine Gruppe Tänzerinnen zur Verfügung, die für ihn auftreten mussten, wann immer er es verlangte. Er führte sein Land mit eiserner Hand und puritanischem Eifer und ließ erst in den 1990er-Jahren Fernsehapparate zu. Küssen in der Öffentlichkeit war verboten, und Kussszenen mussten aus Filmen geschnitten werden, die in malawischen Kinos gezeigt wurden. Bücher wurden zensiert, die Privatpost der Bürger überwacht. Telefone wurden angezapft oder willkürlich abgeschaltet. Sogar für Touristen bestanden strenge Bekleidungsvorschriften. Wer ein Visum für Malawi beantragte, wurde darüber informiert, dass »weiblichen Passagieren nicht erlaubt wird, das Land zu betreten, wenn sie kurze Röcke oder Hosenanzüge tragen, es sei denn, sie bleiben im Transitbereich oder befinden sich in Freizeitanlagen an den Seen oder in den Nationalparks. Röcke und Kleider müssen, entsprechend der staatlichen Regelungen, die Knie bedecken. Die Einreise von Hippies und Männern mit langen Haaren und Schlaghosen ist verboten.«

Hastings Kamuzu Banda errichtete ein Ein-Parteien-Regime und erklärte sich selbst zum Präsidenten auf Lebenszeit. Er baute ein Netz von Geheimagenten auf, »junge Pioniere« genannt, die malawische Oppositionelle im In- und Ausland ausschalteten. Dabei gingen sie nicht zimperlich vor, getreu der Anweisung ihres Präsidenten, diese »den Krokodilen zum Fraß vorzuwerfen«. 1993 ließ er auf Druck des Auslands und der Kirchenvertreter im eigenen Land freie Wahlen zu, verlor ein Referendum über die Frage der Ein-Parteien-Herrschaft und trat widerstandslos von seinem Posten zurück, nachdem er die Präsidentschaftswahlen verloren hatte.

Einem weitverbreiteten Gerücht zufolge war der echte Kamuzu Banda noch während seiner Studienzeit in den USA verstorben und durch einen ausländischen Doppelgänger namens Richard Armstrong ersetzt worden. Diese Behauptung wurde durch die Tatsache gestützt, dass Banda die Amtssprache Chichewa nicht beherrschte und das malawische Nationalgericht Nsima nicht mochte, einen Brei aus Maismehl, der als Beilage zu jeder Mahlzeit gereicht wird – man nimmt sich etwas davon, rollt es zu einer Kugel und tunkt es in die Sauce. Statt Nsima bevorzugte Banda – oder Armstrong, wenn das Gerücht wahr sein sollte – Reis, ermunterte aber die Bauern in seinem Land zum Maisanbau.

Cecilia Tamanda Kadzamira, die Frau an seiner Seite, hat allerdings versichert, dass Banda viele andere malawische Spezialitäten mochte. Sie war zwar nie mit dem Präsidenten verheiratet, nahm aber als seine ständige Begleiterin die Rolle der »Mutter der Nation« ein. Sie erinnerte sich später daran, dass Banda Gerichten wie Nkhwani wo tendera (Kürbisblätter mit Erdnussmus), Masamba (Kohlblätter mit Tomate), Nkwanya (Bohnenblätter), Mfutso (getrocknete Salatblätter) und Matemba, ein kleiner heringsähnlicher Fisch aus dem Malawi-See, der in der Sonne getrocknet wird, durchaus zugeneigt war.

Vor allem aber war Banda verrückt auf Mopane-Würmer. Die aß er am liebsten »getrocknet als kleinen Snack zwischendurch«. Von diesen Würmern hatte er immer ein paar in der Tasche, um sie an Kinder zu verteilen, die ihm auf seinen Inspektionstouren durch das Land begegneten. Der Mopane-Wurm ist die Raupe des Pfauenspinner-Schmetterlings, der sich von den Blättern des Mopanebaums ernährt. Getrocknet ähneln diese Würmer knusprigen Pommes frites, werden aber auch gekocht und mit Sauce gegessen.

Cecilia Kadzamira, die während der letzten Jahre des schwächelnden Diktators praktisch das Land regierte, erinnerte sich später daran, wie er ihr eine bezeichnende Geschichte aus seiner ärmlichen Kindheit erzählte, als Malawi noch Nyasaland hieß und unter britischer Herrschaft stand: Schon als kleiner Junge wurde er gezwungen, auf die Jagd zu gehen, damit er und seine zahlreichen Geschwister genug zu essen hatten. Eines Tages stieß er auf einen Leoparden, der gerade die Hälfte einer erlegten Antilope aufgefressen hatte. Banda schlich sich auf allen vieren an, starrte ihm in die Augen und brachte das Raubtier dazu, sich zurückzuziehen. Die halbe Antilope schleppte der kleine Kamuzu dann nach Hause, zur Freude seiner großen Familie.

Während seiner medizinischen Ausbildung im Westen war Banda sich der Bedeutung einer gesunden Ernährung bewusst geworden. Er propagierte schon sehr früh die artgerechte Tierhaltung, besonders bei Hühnern und Rindern, und legte großen Wert auf ausgewogene Kost mit viel Gemüse. Er war Abstinenzler, Nichtraucher und bevorzugte Low-Impact-Aktivitäten wie Gehen, um fit zu bleiben.

MOPANE-WÜRMER

Für 2 Personen

Mopane-Würmer enthalten dreimal so viel Protein wie Rindfleisch und sind ein umweltfreundlicheres Nahrungsmittel, denn sie produzieren keine Treibhausgase. Wenn man die Würmer von den Mopane-Bäumen pflückt, von deren Blättern sie sich ernähren, geben sie beim Kontakt mit der menschlichen Haut eine bräunliche Flüssigkeit ab. Bevor man sie zum Trocknen in die Sonne legt, muss man die grünlichen Därme herausquetschen. Nach ein paar Tagen in der heißen Sonne sind sie zum Verzehr geeignet.
Sie können entweder in getrocknetem Zustand oder gekocht, zum Beispiel in einem würzigen Erdnuss-Eintopf, gegessen werden.

Nkhwani Wo Tendera
(Eintopf aus Kürbisblättern und Erdnussmus)

Für dieses Gericht kann eigentlich jedes grüne Gemüse verwendet werden – Grünkohl, Spinat oder Süßkartoffelblätter sind am besten geeignet.

400 g grüne Kürbisblätter, von den Stielen befreit

½ Teelöffel Salz

4 mittelgroße Tomaten, geschält, entkernt, gehackt

4 Esslöffel Erdnüsse, im Mörser gemahlen oder Erdnussmus

2 kleine Zwiebeln, gehackt

Die Blätter mit etwas Wasser und Salz 10 Minuten garen, bis sie weich sind. Wasser hinzugießen, falls sie am Topfboden kleben bleiben.

Die gehackten Tomaten, Zwiebeln und das Erdnussmus auf die Blätter geben, aber nicht umrühren. Den Topf mit dem Deckel schließen. Inhalt durchschütteln und weitere 30 Minuten köcheln, bis der Erdnussduft sich mit dem der Blätter zu einem würzigen Aroma verbindet.

Mit getrockneten Mopane-Würmern servieren.

JEAN-BÉDEL BOKASSA

Der spätere Herrscher der Zentralafrikanischen Republik trat als junger Mann in die französische Armee ein und wurde in Frankreich und im Senegal ausgebildet. Er bewährte sich im Zweiten Weltkrieg bei der Befreiung Frankreichs, kämpfte in Indochina und im Algerienkrieg und wurde in die Ehrenlegion aufgenommen. 1960 ernannte ihn Präsident David Dacko, sein Cousin, zum Major in der Armee der neu gegründeten Zentralafrikanischen Republik. 1963 wurde er Stabschef und nutzte drei Jahre später einen Aufruhr im Land, um gegen Dacko zu putschen und die Macht an sich zu reißen. Anschließend schwang er sich zu einem der pompösesten Herrscher Afrikas auf.

Er pflegte einen extravaganten Lebensstil und orientierte sich am Glanz der europäischen Monarchien des 19. Jahrhunderts. Im Lauf seiner Amtszeit legte er sich einen Harem von achtzehn Ehefrauen zu. Und er war ein brutaler Herrscher, der sogar einmal hundert Schulkinder töten ließ, nachdem sie gegen die staatlich verordneten, teuren Schuluniformen protestiert hatten, die im Betrieb einer Ehefrau von Bokassa hergestellt wurden. Durchaus glaubhafte Gerüchte über kannibalistische Exzesse machten die Runde, was den französischen Staatspräsidenten Valerie Giscard d'Estaing nicht darin hinderte, Bokassa, mit dem er des Öfteren auf die Jagd ging, als »Freund der Familie« zu bezeichnen. Vielleicht empfand er es als mildernden Umstand, dass Bokassa ihm erklärt hatte, er würde seine Feinde nicht selbst verspeisen, sondern den Krokodilen in seinem Privatzoo zum Fraß vorwerfen.

1975 ließ Bokassa sich in einer an der Krönung von Napoleon orientierten Zeremonie zu »Seiner Kaiserlichen Majestät Bokassa I.« ausrufen. Vier Jahre später putschte ihn der ehemalige Präsident Dacko mithilfe französischer Truppen aus dem Amt. Der entthronte Kaiser flüchtete in die Elfenbeinküste und schließlich ins Exil nach Frankreich, wo er mit zehn Kindern und einer Mätresse ein Schloss in der Nähe von Paris bezog und eine Pension als ehemaliger französischer Offizier erhielt. In seiner Heimat wurde er wegen

Mord, Folter, Korruption und Kannibalismus zum Tod verurteilt. 1987 kam er zurück und erreichte, dass diese Strafe auf lebenslänglich vermindert wurde. Er starb 1996 als freier Mann in Bangui, der Hauptstadt Zentralafrikas, an einem Herzinfarkt, hinterließ siebzehn Ehefrauen und ungefähr vierzig bis fünfzig Kinder.

Ein Grund, warum die Franzosen eines Tages genug von Jean-Bédel Bokassa hatten, mag eine Bemerkung gewesen sein, die er 1979 am Rande des Banketts anlässlich seiner Ernennung zum Kaiser fallen ließ. Während dieser Zeremonie, bei der eine Pferdekutsche, ein vergoldeter Thron in Form eines Adlers, Roben mit Pelzbesatz, belgische Rassepferde, sechzig Mercedes-Benz-Fahrzeuge sowie Champagner und Kaviar zum Einsatz kamen, erklärte er dem französischen Entwicklungsminister: »Sie haben es natürlich nicht bemerkt, aber Sie haben Menschenfleisch gegessen.«

Die Zeitschrift *Paris Match* nahm die Steilvorlage an und druckte Fotos von Palast-Kühlschränken ab, die mit Leichen gefüllt waren. Die französischen Truppen, die 1979 bei Bokassas Sturz zum Einsatz kamen, fanden in seiner Villa Kolongo zwei Leichen in einem Kühlschrank. Bei einem der Toten handelte es sich um einen ehemaligen Mathematik-Lehrer.

Als Bokassa 1987 in seine Heimat zurückkehrte, um sich vor Gericht gegen die erhobenen Vorwürfe zu verteidigen, wurde auch sein ehemaliger Koch Philippe Linguissa als Zeuge befragt. Er sagte aus, sein Chef habe ihn einmal dazu aufgefordert, ein Festessen aus einer der Leichen zuzubereiten, die in einem begehbaren Kühlschrank in der Küche aufbewahrt wurden: »Bokassa reichte mir ein Rasiermesser und befahl mir, die Leiche zu säubern und mit Reis zu füllen.« Weiter erklärte er den Richtern, er habe das Menschenfleisch mit Gin übergossen und flambiert. Außerdem behauptete er, er könne sich noch daran erinnern, wie Bokassa sich dieses Gericht am nächsten Morgen vorsetzen ließ. Um es sich bei Tisch bequem zu machen, habe er sich das Hemd aus der Hose gezogen. Der Wahrheitsgehalt seiner Aussage wurde jedoch angezweifelt, als er sich auf Nachfrage nicht erinnern konnte, ob es sich bei der toten Person um einen Mann oder eine Frau gehandelt hatte.

Es fanden sich nicht genügend Beweise, um Bokassa wegen Kannibalismus zu verurteilen. Der ehemalige Tyrann behauptete, die in *Paris Match* abgedruckten

Fotos zeigten »den Kühlraum im Leichenschauhaus. Sie können ja hingehen und sich selbst davon überzeugen.« Und einem Journalisten gegenüber erklärte er einmal, es sei ja wohl unmöglich, dass ein hochdekorierter ehemaliger Offizier der französischen Armee ein Kannibale sein könne.

In einem gut recherchierten langen Artikel der Zeitschrift *Vanity Fair*, der während des Prozesses erschien, wurde dargelegt, dass Bokassa zum Stamm der Mbaka gehörte, der im ganzen Land dafür berüchtigt war, Menschenfleisch zu verzehren, in dem Glauben, dies würde den Mut, die Stärke, die Schönheit und die Intelligenz fördern. Tatsächlich sind die Ernährungsgewohnheiten der Zentralafrikaner davon sehr weit entfernt.

SPINAT-EINTOPF MIT FUFU

Für 4 – 6 Personen

Fufu ist ein fester Brei, der aus Maniok und/oder Yams hergestellt wird. Die Wurzeln werden traditionell in einem Mörser zermahlen. Der Brei ist ein Grundnahrungsmittel und wird täglich frisch gekocht. Man kann ersatzweise auch Maismehl verwenden.

Fufu

260 g Yamsflocken und Maniokmehl

240 ml Milch

240 ml Wasser

Spinat-Eintopf

2 kleine Zwiebeln, gehackt

2 Esslöffel Öl

1 Tomate, geschält und in Scheiben geschnitten

1 grüne Paprikaschote, gewürfelt

900 g frischer Spinat (ersatzweise 1 kg tiefgekühlter Spinat)

1 Teelöffel Salz

2 rote Chilischoten, zermahlen (ersatzweise ½ TL Cayennepfeffer)

4 Esslöffel Erdnussmus

Fufu

Das Wasser in einem mittelgroßen Topf erhitzen.

Die Milch in eine Schüssel gießen und die Yams-Maniok-Mischung dazugeben und zu einer glatten Paste rühren.

Diese Mischung ins kochende Wasser geben und unter Rühren 4 bis 5 Minuten kochen. Wenn der Brei sich vom Topfrand löst und klebrig geworden ist, den Topf vom Feuer nehmen.

Das Fufu in eine gefettete Schüssel geben. Mit feuchten Händen zu einer weichen Kugel formen und kneten, bis die Masse geschmeidig ist.

Sofort servieren.

Spinat-Eintopf

Man kann frischen oder tiefgefrorenen Spinat verwenden. Den frischen Blattspinat vor der Zubereitung waschen, Stiele entfernen und tropfnass im geschlossenen Topf erhitzen, bis er zusammengefallen ist, dann weiter verwenden. TK-Ware kann im Topf mit etwas Wasser rasch aufgetaut werden.

Die Zwiebeln in Öl in einer gusseisernen Pfanne schmoren, bis sie weich sind. Tomaten und grüne Paprika hinzufügen und ungefähr eine Minute garen.

Spinat, Salz und Chilischoten hinzufügen. Abdecken und bei kleiner Hitze fünf Minuten köcheln lassen.

Die Erdnusspaste mit zwei Esslöffeln warmem Wasser verdünnen und zu einer geschmeidigen Paste rühren. In den Spinat einrühren.

Weitere 10 – 15 Minuten köcheln, ab und zu umrühren, damit nichts anbrennt. Wasser hinzufügen, falls der Spinat am Pfannenboden kleben bleibt.

Mit Fufu servieren. Ersatzweise kann auch Reis dazu gereicht werden.

IDI AMIN

Der spätere »Schlächter von Afrika« diente zunächst als Hilfskoch in der britischen Kolonialarmee und konnte sich bis zum Leutnant hocharbeiten, was Afrikanern im Allgemeinen versagt blieb. 1962, als Uganda unabhängig wurde, trat er als Hauptmann in die dortige Armee ein und stieg rasch zum Generalmajor und Oberbefehlshaber auf. 1971 inszenierte er einen Militärputsch gegen seinen Gönner, Premierminister Milton Obote, und übernahm die Macht.

Während seiner acht Jahre dauernden grausamen Herrschaft ließ er eine halbe Million Landsleute abschlachten und verwies sechzigtausend ugandische Asiaten des Landes. Sich selbst erklärte er zum Feldmarschall, zum Herrn aller Tiere der Erde und aller Fische der Meere und sogar zum Bezwinger des Britischen Weltreichs – nachdem Großbritannien die diplomatischen Beziehungen mit ihm abgebrochen hatte. Premierminister Harold Wilson beschrieb ihn als »psychisch unausgeglichen«, während der sambische Präsident Kenneth Kaunda ihn schlicht als »Wahnsinnigen und Possenreißer« bezeichnete. Andere glaubten, er habe an Syphilis gelitten, und diese Krankheit hätte sein Gehirn angegriffen. Julius Nyerere, der Ministerpräsident von Tansania, erklärte, Amin sei »ein Mörder, Lügner und Wilder«.

Der anglikanische Bischof von Kampala wurde im Auftrag von Idi Amin in einem fingierten Autounfall umgebracht, und viele seiner Minister warf man auf seinen Befehl hin den Krokodilen im Viktoria-See zum Fraß vor. Sein Niedergang begann 1978, als er einen Krieg mit dem Nachbarland Tansania anzettelte. Nach der Niederlage der ugandischen Armee flüchtete er zunächst nach Libyen und ging anschließend für die restlichen vierundzwanzig Jahre seines Lebens ins Exil nach Saudi-Arabien, wo er 2003 an Nierenversagen starb.

Idi Amin liebte alles Britische – Schuhe von Church, Krawatten, Maßanzüge, Silberbesteck und Nachmittagstee. Ein Journalist erzählte einmal, der Diktator habe ihn zu Gurken-Sandwichs, Scones und

Keksen eingeladen, als Entschädigung dafür, dass er von einem Leibwächter versehentlich geschlagen worden war. Einmal, als Amin erfuhr, dass Großbritannien wirtschaftlich schwere Zeiten durchmachte, schrieb er an Königin Elizabeth: »Ich schicke Ihnen ein Frachtschiff mit Bananen als Dank für die schöne Zeit während der britischen Kolonialherrschaft.« Er war von der britischen Monarchin fasziniert und lud sie zu sich nach Uganda ein, damit sie mal einen »echten Mann« kennenlernen könne, und schrieb ihr Liebesbriefe. Anlässlich ihres silbernen Thronjubiläums forderte er sie auf, ihm ihre »fünfundzwanzig Jahre alten Schlüpfer« zu schicken. Ob es sich bei alldem um wirre Wahnvorstellungen handelte, die von seiner Geschlechtskrankheit verursacht wurden, oder ob er ihr wirklich verfallen war, ist unklar. Seine Annäherungsversuche wurden von der Königin nicht beantwortet, die sich weder von seiner männlichen Anziehungskraft noch von seiner tiefen verführerischen Stimme beeindrucken lassen wollte. Das mag dazu beigetragen haben, dass er sich später von England abwandte und den Schotten vorschlug, mit seiner Hilfe die Unabhängigkeit zu proklamieren. Zu diesem Zweck schlug er vor, sich zum »Letzten König von Schottland« krönen zu lassen. Es gab Gerüchte, er würde dem Kannibalismus frönen. Man erzählte sich, er habe am Tag seiner Machtergreifung alle Rivalen in der Armee zusammengerufen und ihre Enthauptung befohlen. Anschließend habe er die Köpfe auf einen Haufen legen lassen, um darauf Platz zu nehmen und Fleisch aus ihren Gesichtern zu beißen. Das würde zumindest zu seiner Abstammung passen: Von den Angehörigen des Kakwa-Stammes hieß es, sie würden das Fleisch ihrer Feinde verzehren, um zu verhindern, dass ihre Geister zurückkehrten und sich an ihren Mördern rächten.

Als er einmal direkt darauf angesprochen wurde, ob er Kannibale sei, antwortete Idi Amin: »Ich mag Menschenfleisch nicht, es ist mir zu salzig.«

Kannibalismus hin oder her, er hatte durchaus extreme Essgewohnheiten. Eins seiner zahlreichen Kinder erinnerte sich an eine schreckliche Begegnung mit dem Vater, der sich gerade schwitzend über einen Teller mit Hühnchenfleisch gebeugt hatte. Amin forderte den Vierjährigen auf, doch mal zu probieren, ohne ihn zu warnen, dass das Hühnchen in einer unglaublich scharfen Sauce lag. Als der Junge ein Stück davon in den Mund nahm, schrie er vor Schreck und Schmerz auf, während sein Vater in brüllendes Gelächter ausbrach.

Zu einem Staatsbankett ließ Idi Amin einmal Bienenlarven, grüne Laubheuschrecken, Zikaden, fliegende Ameisen und Heuschrecken servieren. Gebratene Heuschrecken und Grashüpfer sind in Uganda sehr beliebt. Man kann sie an Straßenständen als Imbiss bekommen oder lebend auf dem Markt kaufen. Wenn man sie selbst zubereiten will, muss man sie gut waschen, mit Zwiebeln und Knoblauch braten und mit Salz und Pfeffer würzen.

Idi Amin war ein beeindruckender Mann mit einer Körpergröße von 1,93 Meter, der gut hundert Kilogramm auf die Waage brachte und in den 1950er-Jahren Boxmeister seines Landes war. Als er im Exil dann ein ruhigeres Leben führte, machte sich das sehr schnell bemerkbar: Er wurde immer dicker. Daran konnten auch seine regelmäßigen Schwimmübungen und die täglichen Massagen in Fünf-Sterne-Hotels nichts ändern. Er liebte Pizza, Fleisch und Kentucky Fried Chicken. Mit seiner Familie besuchte er gerne die einschlägigen Fast-Food-Restaurants, um bergeweise Hamburger zu vertilgen. Anschließend ging es dann zum Fünf-Uhr-Tee in ein Luxus-Hotel. Um sich zu entspannen, fuhr er zum Fischen aufs Rote Meer, rezitierte aus dem Koran, schaute sich TV-Sendungen im Satellitenfernsehen an und spielte Akkordeon.

Wegen seines unmäßigen Appetits auf Orangen, von denen er bis zu vierzig Stück am Tag aß, weil sie angeblich »natürliches Viagra« seien, wurde ihm der Spitzname Mr. Jaffa gegeben. Sein Lieblingsgericht war gebratenes Ziegenfleisch mit Brot aus Maniok und Hirse. Es heißt, er sei sehr häufig am Flughafen von Jeddah gesehen worden, wo er auf eine Lieferung Maniok- und Hirsemehl wartete, die seine ugandischen Verwandten ihm regelmäßig schickten.

KALO UND LUWOMBO

Für 4 Personen

Für Kalo wird üblicherweise Hirse- und Maniokmehl verwendet. Dieses Rezept ist eine Variation aus Sorghumhirse und Maniokmehl, aber es können verschiedene Mehle kombiniert werden. Normalerweise wird es mit der Hand zu einer Kugel geformt und in die Sauce oder den Eintopf getunkt.

Kalo

750 ml Wasser

150 g Maniokmehl

150 g Sorghumhirsemehl

Luwombo

1 kg Ziegenfleisch in mundgerechte Stücke geschnitten

2–3 Esslöffel Erdnussöl

110 g zermahlene Erdnüsse

2 Zwiebeln

125 ml Geflügelfond

125 g Champignons, in Scheiben geschnitten

Salz und Pfeffer

Bananenblätter

Tomaten

Kalo

Wasser in einem Topf erhitzen. Mehl hinzufügen und bei mittlerer Hitze gut durchrühren, bis der Teig geschmeidig ist.

Nach einer Weile formt sich die Masse zu einer großen Kugel. Wenn die Konsistenz klebrig und nicht mehr flüssig ist und das Brot seine Form behält, ist es fertig.

Luwombo

Das Ziegenfleisch in 1 – 2 EL Öl sautieren, bis es eine braune Farbe angenommen hat. Beiseite stellen.

1 EL Öl in einer Pfanne erhitzen, Zwiebeln hinzufügen und 2 Minuten dünsten. Die Tomaten, die zermahlenen Erdnüsse, den Geflügelfond, Champignons, Salz und Pfeffer hinzufügen, um eine sämige Sauce zu bekommen. 8 bis 10 Minuten köcheln lassen, dann das Fleisch hinzufügen.

Die Bananenblätter in 20 Zentimeter lange Rechtecke zerschneiden und dabei die mittlere Rippe entfernen. Jedes Blattstück einige Sekunden über eine Flamme halten, bis es weich ist, dann unter fließendes Wasser halten.

Eine Portion Fleischmischung in die Mitte des Blatts geben und zu einem kleinen Päckchen falten. Mit Küchengarn zusammenbinden. Die gesamte Fleischmischung so verpacken.

In einem großen Topf mit Dämpfeinsatz Wasser erhitzen. Die Päckchen auf den Dämpfeinsatz legen, den Topf verschließen. Mindestens zwei Stunden dämpfen.

Die Ziegenfleisch-Päckchen mit Maniokbrei servieren.

MOBUTU SESE SEKO

Als Sohn eines Kochs geboren, wurde Mobutu von der Frau eines belgischen Richters in der französischen Sprache unterrichtet und ging später auf eine katholische Schule. Nachdem er den Unterricht geschwänzt hatte, um ein Mädchen zu treffen, musste er zur Strafe der Armee beitreten. Als sein Heimatland Kongo 1960 von Belgien unabhängig wurde, stieg er rasch auf und wurde von dem demokratisch gewählten Präsidenten Lumumba zum Oberst befördert. Während der Kongo-Krise wandte er sich, unterstützt von Belgien und den USA, gegen Lumumba, der wenig später ermordet wurde. Mobutu stieg zum Generalleutnant auf, war an einem zweiten Putsch beteiligt und wurde schließlich Präsident seines Landes, das er nun in Zaire umbenannte. Unter seiner zweiunddreißig Jahre dauernden Gewaltherrschaft errichtete die Oberschicht eine Kleptokratie und beutete in Zusammenarbeit mit dem Westen die Rohstoffe des Landes aus.

Mobutus unverwechselbare Kennzeichen waren die Leopardenmütze, eine dicke Hornbrille und ein hölzernes Zepter mit Adlerkopf. Er propagierte die »Afrikanisierung« seines Landes, war aber vor allem damit beschäftigt, den Gewinn aus dem Rohstoffexport auf seine eigenen Bankkonten und die der herrschenden Kaste zu leiten. So gelang es ihm, ein Privatvermögen von vier bis fünf Milliarden Dollar anzuhäufen, was ungefähr der Summe der Auslandsschulden seines Landes entsprach. Manche behaupten sogar, es seien 15 Milliarden gewesen. 1974 gelang es ihm, die Aufmerksamkeit der Sportinteressierten in aller Welt zu erregen, als er in der Hauptstadt Kinshasa unter dem Titel »The Rumble in the Jungle« einen Boxkampf zwischen den Schwergewichtlern Muhammad Ali und George Foreman veranstaltete.

Der Personenkult um Mobutu war extrem. So wurde beispielsweise zu Beginn jeder Nachrichtensendung im Fernsehen ein Spot gezeigt, in dem der Präsident aus den Wolken am Himmel herabstieg. Als sich in den 1990er-Jahren die Wirtschaftskrise ausweitete

und Soldaten nicht mehr bezahlt wurden, kam es zu Meutereien. Schließlich rebellierte der Stamm der Tutsi gegen den Diktator, der die Hutu bevorzugt hatte. Im Mai 1997 wurde er abgesetzt und ging ins Exil nach Marokko, wo er drei Monate später an Prostatakrebs starb.

Seine ärmliche Kindheit, in der er Verwandte ständig um Essen und Kleidung anbetteln musste, nachdem sein eigener Vater verschwunden war, liefert vielleicht eine Erklärung dafür, warum Mobutu einen geradezu unersättlichen Appetit auf alles entwickelte, was luxuriös und teuer war – Speisen und Getränke, Autos, Paläste und Anzüge aus feinem Stoff.

Nach seiner Machtübernahme pflegte er einen geradezu imperialen Lebensstil. Mitten im Urwald ließ er sich für hundert Millionen Dollar sein eigenes Versailles, den Gbadolite-Palast, errichten, der über eine eigene Flugzeug-Landebahn verfügte. Sie war lang genug, dass nicht nur normale Maschinen dort landen konnten, die ihm frische Meeresfrüchte, Fleisch, Blumen und Pâtisserie aus Europa anlieferten, sondern sogar die französische Concorde. Besucher waren beeindruckt von seinem Salon mit einer Riesenauswahl feinster Cognacs und Spirituosen, andere schwärmten von üppigen Abendessen, bei denen gebratene Wachteln, Lachs und Pasteten gereicht wurden.

Mobutu stand jeden Morgen um halb sieben auf und ließ sich gleich anschließend von einem Team chinesischer Masseure bearbeiten. Eine Stunde später nahm er sein Frühstück auf der Palastterrasse ein und warf den Pfauen in seinem geometrisch angelegten Garten ein paar Brotkrumen zu, während er die Auslandspresse studierte. Um neun Uhr begab er sich in sein Arbeitszimmer, wo er sehr bald die erste Flasche seines Lieblingsgetränks öffnen ließ, Rosé Champagner der Marke Laurent-Perrier. Zu den Muscheln, die er sich fürs Mittagessen direkt aus Zeebrügge kommen ließ, um sie auf belgische Art mit Pommes frites zu verspeisen, passte dann am besten ein ausgewählter Weißwein.

Das Gbadolite-Palast mit seinen Sälen voller Antiquitäten und den Marmorfußböden war der perfekte Rahmen für die Inszenierung der Hochzeit seiner Tochter. Erschöpft vom tropischen Klima, das in Äquatornähe herrschte, mussten die 2500 geladenen Gäste Unmengen von Hummer, Lachs und Kaviar vertilgen und dabei Tausende Flaschen Grand-Cru-Weine aus Mobutus Weinkeller leeren. Der Hochzeitskuchen war ein mit Baiser und Sahne verziertes quadratisches Ungetüm von vier Metern Seitenlänge. Er war von einem Pâtissier in Paris angefertigt und am Morgen der Feierlichkeiten mit einem eigens dafür gecharterten Flugzeug eingeflogen worden, was ungefähr 65.000 Dollar gekostet hatte. All das passte überhaupt nicht zu dem im Land proklamierten »Mobutismus«, der den Bürgern vorschrieb, sich bei der Kleidung, beim Essen, beim Tanzen und bei sonstigen kulturellen Aktivitäten auf die Traditionen zu besinnen.

Europäische Anzüge und Krawatten waren verboten, stattdessen sollten die Bürger von Zaire sogenannte Abacosts tragen, getreu der auf Französisch ausgegebenen Parole »à bas le costume« (»weg mit dem Anzug«). Der als Joseph-Désiré geborene Mobutu änderte seinen Namen in Mobutu Sese Seko Kuku Ngbendu wa Zabanga, was so viel heißt wie »der Krieger, der von Eroberung zu Eroberung schreitet, ohne Angst zu haben«.

Der Verfolgungswahn des zairischen Herrschers sollte sich für sein Volk ähnlich verheerend auswirken wie Stalins Paranoia für die Russen. Als Mobutu erfuhr, dass vier oder fünf Leiter von Staatsunternehmen sich ohne ihn zum Abendessen getroffen hatten, war er alarmiert und fürchtete eine Verschwörung. Einmal, als Mobutu selbst zu Gast bei einem Dinner hoher Staatsbeamter war, sich nicht wohlfühlte und vorzeitig gehen musste, befahl er einer Kellnerin, ihm alles zu berichten, was während seiner Abwesenheit am Tisch über seinen Gesundheitszustand gemutmaßt wurde. Die Staatsbeamten verloren anschließend einer nach dem anderen ihre Posten.

In seinen letzten Jahren fing Mobutu an, Yoga zu praktizieren, und wurde Vegetarier, weil er sein Gewicht reduzieren wollte.

MOULES MARINIÈRES

Für 4 Personen

Muscheln enthalten mehrfach ungesättigte Fettsäuren und Omega-3-Fettsäuren, die als gesund gelten, weil sie Arthritis entgegenwirken und die Gehirnfunktionen anregen. In Belgien, der ehemaligen Kolonialmacht von Kongo/Zaire, isst man Miesmuscheln traditionell mit Pommes frites als »Moules-frites«.

2,5 kg Miesmuscheln in der Schale

Butter

2 mittelgroße Zwiebeln, gehackt

2 Knoblauchzehen, zerdrückt

1/2 Bund Petersilie mit Stielen

Salz und frisch gemahlener Pfeffer

300 ml trockener Weißwein

½ Bund Petersilienblätter, fein gehackt

4 Esslöffel Sahne

Die Muscheln unter fließendem Wasser gut abbürsten und alle Bärte entfernen. Leicht geöffnete Muscheln sollten sich schließen, wenn man darauf klopft, sonst werden sie aussortiert. Exemplare mit kaputter Schale ebenfalls aussortieren.

In einem sehr großen Topf etwas Butter erhitzen und Zwiebeln und Knoblauch kurz schmoren. Mit dem Wein ablöschen, das halbe Bund Petersilie und die Muscheln dazugeben. Zum Kochen bringen. Deckel auflegen.

Hitze reduzieren und ungefähr 10 Minuten simmern lassen, bis alle Muscheln sich geöffnet haben. Ist das noch nicht der Fall, den Topf rütteln und ca. 5 weitere Minuten köcheln.

Muscheln in einem großen Sieb abgießen und warm stellen. Sud eventuell einkochen, mit Salz und Pfeffer würzen, Sahne hinzufügen und kurz aufkochen. Die Sauce über die Muscheln geben, gehackte Petersilie darüber streuen und servieren.

MENGISTU HAILE MARIAM

geboren 1937

Mit Unterstützung der Sowjetunion und anderer Ostblockstaaten errichtete Mengistu nach dem Putsch gegen Haile Selassie 1974 in Äthiopien eine Einparteien-Diktatur und führte den Staatssozialismus ein. Angeblich erstickte er den ehemaligen Kaiser im Gefängnis eigenhändig mit einem Kopfkissen und ließ seinen Leichnam unter einer Toilette einmauern. Der »Rote Negus« (Negus ist eine alte äthiopische Bezeichnung für König) führte sein Land daraufhin in bitterste Armut und terrorisierte seine hungernde Bevölkerung.

Um seine Idee von einer Volksrepublik Äthiopien zu realisieren, ließ Mengistu brutale Umsiedlungs- und Enteignungsmaßnahmen durchführen, die den rücksichtslosen Zwangskollektivierungen von Stalin in den 1930er-Jahren ähnelten. Die Folge waren große Hungersnöte in den 1980er-Jahren. Mengistus Terrorherrschaft war laut Einschätzung von Human Rights Watch die größte systematisch geplante Massenvernichtungsaktion, die je in Afrika durchgeführt wurde. Schätzungsweise eine halbe Million Menschen fielen ihr zum Opfer. »Kebeles« genannte Bürgerwehren terrorisierten und exekutierten Studenten, Lehrer und Intellektuelle. Leichen von Kindern wurden in den Straßen übereinander gestapelt. Ihre Angehörigen mussten die Kugeln bezahlen, mit denen sie erschossen worden waren, um die Erlaubnis zu bekommen, die Leichen zu begraben.

Kriege, die gegen die Nachbarländer geführt wurden, und der Zusammenbruch der Landwirtschaft verursachten die große Hungersnot von 1983 bis 85, unter der acht Millionen Äthiopier litten und die eine weitere Million Opfer forderte, trotz internationaler Hilfsaktionen und der Bereitstellung von Gütern im Wert von einer Milliarde Dollar. 1991 wurde Mengistu von einer Mehrparteien-Koalition gestürzt und floh nach Simbabwe, wo der dortige Diktator Robert Mugabe ihn willkommen hieß und ihm Asyl gewährte. Mengistu wurde 2006 in Abwesenheit wegen Völkermordes angeklagt und zu lebenslanger Haft verurteilt. Das Urteil wurde in die Todesstrafe umgewandelt.

Die schockierenden Bilder von abgemagerten Babys, die um die Welt gingen, veranlassten den britischen Popmusiker Bob Geldof 1984 dazu, das »Band Aid«-Projekt ins Leben zu rufen, um Geld für die hungernden Äthiopier zu sammeln. Es fand zur gleichen Zeit statt, als Mengistu mit der Organisation der Feierlichkeiten zum zehnjährigen Jubiläum seiner sozialistischen Revolution beschäftigt war. Empörte Mitarbeiter von UN-Hilfsorganisationen berichteten davon, dass während der Hilfsaktionen Maschinen der äthiopischen Fluggesellschaft kistenweise Whisky für die Jubelfeier des Regimes einflogen, aber keine Lebensmittel für die Hungernden.

Tatsächlich zog Mengistu Scotch der Marke Johnnie Walker Black Label dem heimischen Tej vor, einem aus Honig vergorenen Wein, den sein alkoholsüchtiger Vater getrunken hatte. Später, im Exil in Harare, betrank sich der exilierte Ex-Diktator gern in vielen verschiedenen Bars so sehr, dass seine Bodyguards ihn sich selbst überließen, weil er dazu tendierte, sie zu verprügeln.

Abgesehen von den Getränken blieb Mengistu den Produkten seiner Heimat ein Leben lang treu, zum Beispiel dem berühmten Injera, einem weichen, angenehm säuerlichen Fladenbrot. Es wird in Äthiopien bei Tisch dazu benutzt, geschmortes Gemüse oder Fleisch und die dazu gehörenden Saucen aufzugreifen und zum Mund zu führen. Gemüse, Fleisch und Saucen werden auf einem Bett aus Injera serviert, und wenn alles aufgegessen ist, wird der letzte Hunger mit dem übrig gebliebenen Fladenbrot gestillt.

Das Brot wird aus Teff gebacken, einer Getreidesorte, deren Körner sehr klein sind, aber wesentlich nahrhafter als zum Beispiel Weizen oder Gerste. Darüber hinaus ist Teff glutenfrei, wodurch es für viele westliche Ernährungsexperten sehr interessant geworden ist, die sich die Frage stellen, ob dieses Süßgras der Grund ist, warum die Äthiopier nicht unter Diabetes und anderen Zivilisationskrankheiten leiden. Inzwischen geht sogar schon das Gerücht um, das aus Teff gebackene Injera-Brot könnte für die legendäre Kondition und Ausdauer der äthiopischen Spitzensportler verantwortlich sein.

Die Saucen und Schmorgerichte, die mit Injera serviert werden, heißen Wot und sind teilweise sehr scharf gewürzt. Mengistus liebstes Wot-Gericht wird auf der Basis von Kichererbsen hergestellt und heißt Shiro Wot. Wie alle anderen äthiopischen Eintöpfe verdankt auch dieser sein unnachahmliches Aroma einer Gewürzmischung namens Berbere, die man selbst herstellen oder fertig gemischt in vielen Supermärkten kaufen kann.

SHIRO WOT MIT INJERA

Für 2 Personen

Shiro ist ein Pulver, das aus Hülsenfrüchten wie Kichererbsen, Linsen, Erbsen oder Bohnen zubereitet wird. Um einen Shiro Wot zuzubereiten, wird das Pulver mit Wasser vermengt und gekocht. Äthiopische Köchinnen horchen dann auf das charakteristische »Tuk-tuk«, das im Topf erklingt, wenn der Brei die richtige Konsistenz erreicht hat. Berbere ist eine Mischung aus verschiedenen Gewürzen, die geröstet und zermahlen werden, und kann alle oder einige der folgenden Gewürze enthalten: Kreuzkümmelsamen, Bockshornkleesamen, schwarze Pfefferkörner, Pimentkörner, Gewürznelken, süße Paprika, scharfe Paprika, Kardamom, Ingwer, Salz, Koriander, Kurkuma und Zimt.

Shiro Wot

75 g Shiro-Pulver

1 kleine Zwiebel, fein gehackt

2 Knoblauchzehen, fein gehackt

60 ml Olivenöl

1 Teelöffel Berbere

600 ml Wasser

Salz

Injera

(ergibt vier bis sechs Fladen, man muss zwei Tage vorher mit den Vorbereitungen beginnen)

200 g Teff-Mehl (oder eine Mischung aus Teff und Hirse)

250 ml Wasser

½ Esslöffel Backpulver

Salz

Kokosöl zum Backen in der Pfanne

Shiro Wot

Zwiebel und Knoblauch in einer mittelgroßen Pfanne in dem Olivenöl 3 – 4 Minuten schmoren. Das Berbere-Pulver und 2 EL Wasser hinzufügen, 5 Minuten köcheln lassen, ab und zu umrühren.

Das restliche Wasser mit dem Shiro-Pulver Löffel für Löffel einrühren, bis die Masse alles aufgenommen hat.

Auf kleiner Flamme ungefähr 30 Minuten köcheln, bis der Brei eine dicke, aber geschmeidige Konsistenz hat. Das Geheimnis eines guten Shiro Wot ist, dass man ihn bei geringer Hitze langsam simmern lässt, bis die Flüssigkeit sich in eine Creme verwandelt hat.

Mit Salz abschmecken und dazu Injera servieren.

Injera

Das Teff-Mehl in eine große Schüssel geben. Das Wasser hinzufügen und gut verrühren. Mit einem Handtuch bedeckt ein bis zwei Tage stehen lassen, bis sich Bläschen bilden. Nicht umrühren. Die Mischung sollte die Konsistenz von Pfannkuchenteig haben.

Den Boden der Pfanne bei mittlerer Hitze mit dem Kokosöl überziehen.

Salz in den Teig rühren, dann das Backpulver. Beim Rühren fällt der Teig ein wenig in sich zusammen.

So viel Teig in die Pfanne geben, dass der Boden komplett bedeckt ist, und einen Deckel auflegen. Es ist wichtig, dass die Injera genügend Feuchtigkeit behält, weil sie sonst brüchig wird. 5 – 7 Minuten garen, bis an der Oberfläche Bläschen erscheinen und der Fladen fest geworden ist.

Mit einem Spatel aus der Pfanne heben. Die einzelnen Fladen aufeinander legen und dazwischen jeweils ein Stück Backpapier geben, damit sie nicht zusammenkleben.

FRANCISCO MACIAS NGUEMA

Der spätere Herrscher von Äquatorial-Guinea wurde als Angehöriger der Mpongwe-Fang, der stärksten Volksgruppe in Gabun, geboren. Seine Familie siedelte nach Guinea um, in die einzige spanische Kolonie südlich der Sahara. Nguema gelang der soziale Aufstieg, er wurde Besitzer einer kleinen Kaffeeplantage und Bürgermeister der Stadt Mongomo. Als das Land 1968 die Unabhängigkeit erlangte, war er bereits Abgeordneter und wurde zum Präsidenten gewählt. Unter seiner Regierung wurden alle Errungenschaften des Landes in der Bildung und der Wirtschaft rückgängig gemacht.

Zwei Jahre nach seiner Machtergreifung hatte er jegliche Opposition ausgemerzt und das Land in eine Ein-Parteien-Diktatur und einen Polizeistaat verwandelt. Terror war allgegenwärtig. Zehn von zwölf Mitgliedern seines Kabinetts ließ Nguema ermorden. Er gründete die Terrororganisation »Jugend auf dem Marsch mit Macias«, mit deren Hilfe er die Bevölkerung durch Folter, Exekutionen und Abbrennen von Dörfern gefügig machte. Ein bis zwei Drittel der Bevölkerung flohen aus dem »Dachau von Afrika« in die Nachbarländer oder wurden umgebracht.

Nguema, der dreimal durch die Prüfungen für Staatsbeamte gefallen war, hasste alle Menschen, die ihm geistig überlegen waren, und verbot die Benutzung des Wortes »intellektuell«. Außerdem ließ er alle Zeitungsredaktionen und Druckereien schließen. Diese Maßnahmen führten zur Abwanderung gut ausgebildeter Menschen und sorgten dafür, dass die Wirtschaft zusammenbrach. Die übrig gebliebenen Staatsbürger wurden zur Zwangsarbeit verpflichtet, nachdem auch die Landwirtschaft, vor allem der Kakao-Anbau, ruiniert war. Die Lage verschlimmerte sich noch mehr, als Nguema den Direktor der Zentralbank hinrichten und das gesamte Staatsvermögen in seinen Palast bringen ließ. Um seinem ruinierten Land Geld zu verschaffen, verfiel er auf die merkwürdigsten Ideen. So forderte er, nachdem ein sowjetisches Flugzeug an einem Berg zerschellt war und alle Passagiere dabei umgekommen waren, eine Kompensation – wegen Beschädigung des Berges.

1979 wurde der »Pol Pot von Afrika« von seinem Neffen gestürzt und in einer Gerichtsverhandlung »hundertundeinmal« zum Tode verurteilt. Da die Soldaten seines Landes seine angeblichen Zauberkräfte fürchteten, musste ein Exekutionskommando aus Marokko das Urteil vollstrecken.

Nguema war Sohn eines Medizinmannes und Zauberers und glaubte an die archaischen Mythen und Rituale seines Volkes. Er verbot die westliche Medizin und sorgte dafür, dass traditionelle Heilmethoden und Zauberei bei Krankheiten zum Einsatz kamen. Er ordnete die Rückkehr zu Sitten und Gebräuchen an, die vor der Kolonisation in seinem Land üblich gewesen waren. So wurden zum Beispiel zu Ehren verstorbener Vorfahren die Dorfplätze mit menschlichen Schädeln geschmückt. Es gab auch Gerüchte über kannibalistische Auswüchse, und man erzählte sich, Nguema hätte eine Sammlung von Totenköpfen in seinem Kühlschrank gelagert.

Es wird vermutet, dass Nguemas wachsende Paranoia, seine fortschreitende Isolation und seine unvorhersehbaren, mitunter bizarren Befehle wie auch seine Gleichgültigkeit gegenüber dem Leid der Bevölkerung durch regelmäßigen Drogen-Genuss hervorgerufen wurden. Wie sonst wäre es zu erklären, dass er 1975 den Befehl gab, hundertfünfzig Oppositionelle in das Stadion von Malabo zu bringen, wo sie von Soldaten, die als Weihnachtsmänner verkleidet waren, umgebracht wurden, während der Mary-Hopkin-Song »Those Were the Days« eingespielt wurde?

Zum einen trank er regelmäßig Bhang, einen Tee, der aus den Blättern und Blüten weiblicher Cannabispflanzen hergestellt wird. Die Hanfpflanze war leicht zu bekommen, denn sie wächst in rauen Mengen in Äquatorial-Afrika zwischen Manioksträuchern und Bananenstauden. Traditionell glaubt man, dass Cannabis den Mut, die Vorstellungskraft und die geistigen Fähigkeiten stärkt. Nguema verstieg sich zu der Ansicht, er selbst sei »ein Wunder Gottes« und sein Land sei »ein Geschenk von Gott an Papa Macias Nguema«. Derartig größenwahnsinnige Fantasien könnten durchaus durch den Konsum halluzinogener Substanzen hervorgerufen worden sein.

Seine zweite Droge war Iboga, die aus der Wurzelrinde des Tabernanthe-Strauchs gewonnen wird, der in den Regenwäldern Zentralafrikas wächst. Die Rinde wird zu einem Pulver zermahlen, das als Stimulans bei religiösen Zeremonien der Fang benutzt wird. In größeren Mengen eingenommen, ruft es Halluzinationen hervor. Man bildet sich beispielsweise ein, den eigenen Vorfahren im Jenseits zu begegnen. Wahrscheinlich stand Nguema unter dem Einfluss von Iboga, wenn er beim Abendessen imaginäre Gäste bewirtete, was durchaus öfter vorkam.

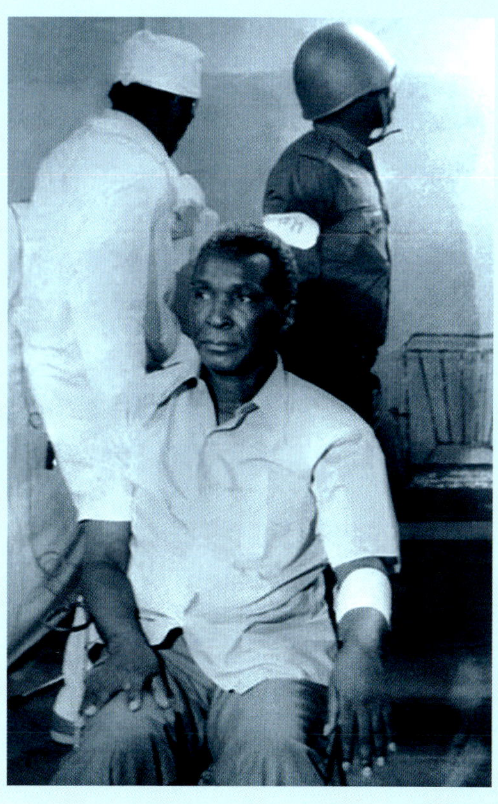

Fisch hat sehr wahrscheinlich nicht auf seinem Speiseplan gestanden. Der Tyrann hatte nämlich alle Fischerboote vor der Küste seines Landes stilllegen lassen, weil er fürchtete, es könnten noch mehr Menschen über den Seeweg das Weite suchen. Sehr wahrscheinlich hat er gerne Hühnchen gegessen, denn es gibt Berichte darüber, wie er während des Abendessens jede Menge Hühnerknochen unter den Tisch warf. Gut möglich, dass er regelmäßig Huhn mit Erdnuss-Sauce, ein traditionelles Gericht der Region, verspeiste und dazu Palmwein trank oder Malamba, einen Schnaps, der aus fermentiertem Zuckerrohr gebrannt wird.

HUHN MIT ERDNUSS-SAUCE

Für 6 Personen

In der Küche von Äquatorial-Guinea vermischen sich Zubereitungsarten der traditionellen Stämme mit denen der früheren spanischen Kolonisatoren. Maniok, Kochbanane, Yams, Blattgemüse sowie Wild und Fisch sind die Hauptzutaten. Ein beliebtes Gericht ist gegrillter Fisch mit Kürbiskernen und Paella mit Perlhuhn oder Huhn mit Erdnuss-Sauce.

1,5 Liter Wasser

1 Hühnchen, mittelgroß (1,8 kg)

2 Esslöffel Tomatenmark

2 Knoblauchzehen, gehackt

1 Zwiebel, gehackt

500 ml Geflügelfond

250 g Erdnussmus

1 Esslöffel Zitronensaft

1 scharfe Chilischote, fein gehackt

Olivenöl zum Braten

Das Hühnchen in sechs Teile zerschneiden, salzen und Pfeffern. In einem großen Schmortopf in Olivenöl bei mittlerer Hitze Hühnchenstücke von allen Seiten anbräunen.

Das Fleisch herausnehmen. Zwiebel und Knoblauch in den Topf geben und andünsten.

Tomatenmark und Chilischote dazugeben und kurz anbraten. Mit Zitronensaft und Geflügelfond ablöschen. Erdnussmus dazugeben, Wasser angießen und alles gut verrühren.

Hühnchenteile dazugeben, aufkochen und dann bei kleiner Hitze 45 Minuten garen.

Mit Salz und Pfeffer abschmecken.

Dazu Reis oder Kochbananen servieren.

KWAME NKRUMAH

Als Anhänger der Lehren Lenins und Trotzkis sowie als Verfechter panafrikanischer Ideen, geriet Kwame Nkrumah, der in den USA und Großbritannien unter anderem Volkswirtschaft und Philosophie studierte, in seiner Heimat, der damaligen Goldküste, bald in Konflikt mit der britischen Kolonialmacht. Als Führer der Convention People's Party spielte er eine wichtige Rolle beim Kampf um mehr Autonomie. 1952 wurde er zum Premierminister der Kronkolonie gewählt und nach der Unabhängigkeit 1960 zum Präsidenten der Republik Ghana. In den ersten Jahren seiner Herrschaft gelang es ihm, sein Land mit umfassenden Infrastrukturmaßnahmen zu modernisieren und für einen beeindruckenden wirtschaftlichen Aufschwung zu sorgen, was zu seiner großen Beliebtheit beitrug.

Die Menschen standen vor seinem Amtssitz Schlange, um sich Rat in finanziellen oder privaten Dingen zu holen. Sogar Eheprobleme sollte er lösen, und mitunter erhofften sich manche, er könne Wunder bewirken. Der so geforderte Präsident fand nur wenig Schlaf, arbeitete achtzehn Stunden pro Tag und hatte kaum Zeit zum Essen. Erica Powell, seine persönliche Sekretärin und Vertraute, beschrieb ihn als einsame Gestalt und einen Mann, dem es schwerfiel, anderen zu vertrauen. Trotz seiner großen Popularität machte er sich unbeliebt, als er die Kakao-Bauern mit hohen Steuern belegte und 78.000 Menschen umsiedelte, damit ab 1961 das Großprojekt des Volta-Stausees verwirklicht werden konnte.

Nkrumah agierte zunehmend autoritärer, verwandelte Ghana 1964 in einen Ein-Parteien-Staat und ließ sich zum Präsidenten auf Lebenszeit wählen. Von nun an waren Streiks verboten, Oppositionelle wurden willkürlich verhaftet und konnten ohne Gerichtsverfahren bis zu fünf Jahre im Gefängnis bleiben. Er selbst erklärte seine Maßnahmen damit, dass »selbst ein Land mit einer demokratischen Verfassung in einer Übergangsperiode nach der Unabhängigkeit bis zu einem gewissen Grad totalitär regiert werden

muss, um die anstehenden Herausforderungen zu bewältigen«.

Wer nicht damit einverstanden war, landete im Gefängnis. Nkrumah zog sich in seinen Amtssitz Christiansborg zurück, umgab sich mit Schmeichlern und verlor allmählich den Blick für die politische, soziale und wirtschaftliche Realität. Das zumindest behaupteten seine Gegner aus der Armee, die 1965 gegen ihn putschten, mit der Begründung, er habe das Land ruiniert. Er selbst stritt dies in seinem Buch *The Big Lie* entschieden ab. Zwar musste Nkrumah sein Land verlassen, doch er blieb im Exil in Guinea weiterhin ein eifriger Verfechter einer vom Westen unabhängigen gesamtafrikanischen Regierung.

Der idealistische Diktator, der zahlreiche Bücher zum Thema Überwindung des Kolonialismus geschrieben hat, starb in Bukarest an Krebs. 1978 nahm seine Witwe in New York eine Auszeichnung der Vereinten Nationen für seinen Kampf gegen die Apartheid entgegen, und im Jahr 2000 wurde er von den Hörern des BBC World Service zu »Afrikas Mann des Jahrtausends« gewählt.

Nkrumahs Leben wurde vollständig von der Politik bestimmt. Alles andere trat in den Hintergrund. Sport, Hobbys, Familie, sogar seine Ernährung wurden von ihm vernachlässigt. Er heiratete erst 1957. Seiner Frau, einer Ägypterin namens Fathia, gab er den Spitznamen »Kaninchen«, weil sie zu jedem Essen einen grünen Salat verlangte.

Fathia brachte dem Koch des Präsidenten einige ägyptische Rezepte bei und freundete sich mit der ghanaischen Küche an. Vor allem das Nationalgericht Kenkey, ein Kloß aus fermentiertem Mais, hatte es ihr angetan, genau wie Kontomire, ein Eintopf aus Cocoyam-Blättern, der zum Beispiel zu geräuchertem Fisch gereicht wird.

Das Ehepaar Nkrumah legte keinen Wert darauf, die Sprache des jeweils anderen zu lernen, und als der abgesetzte Präsident ins Exil gehen musste, weigerte er sich, seine Frau und seine drei Kinder mitzunehmen.

Schon als kleiner Junge war Nkrumah nicht besonders am Essen interessiert. In seiner Autobiografie erinnert er sich daran, wie seine Mutter sich so große Sorgen wegen seines fehlenden Appetits machte, dass sie ihm gebackene Bananen unters Kopfkissen legte, in der Hoffnung, er würde mitten in der Nacht vielleicht endlich Hunger bekommen. Später, als armer Student der London School of Economics, hockte er in billigen Cafés in Camden und diskutierte mit anderen Mitgliedern der Union westafrikanischer Studenten über Politik, knabberte an einem Brötchen und ließ den Tee kalt werden.

Während seiner Zeit in London engagierte er sich praktisch ununterbrochen in der Bewegung zur Beendigung des Kolonialismus. Und gelegentlich drehte er eine Runde in der Gray's Inn Road, um in den Mülleimern der Hotels nach Fischköpfen zu stöbern, aus denen man in Ghana traditionell eine Suppe zubereitet. In späteren Jahren wunderten sich Staatsgäste beim Abendessen darüber, dass Präsident Nkrumah »mit dem Löffel in der Suppenschüssel herumsuchte, bis er einen Fischkopf gefunden hatte, den er dann seinem Besucher als besondere Delikatesse auf den Teller legte«.

Eine Zeit lang saß er als Kämpfer für die Unabhängigkeit seines Landes im Gefängnis. Dort gewöhnte er sich an, an zwei Tagen in der Woche zu fasten. Zum einen wollte er damit der Gefahr entgehen, an chronischem Durchfall zu erkranken wie die anderen Gefangenen, die die wässrige Gefängnissuppe mit dem bisschen Fleisch aßen, die ihnen mittwochs und sonntags vorgesetzt wurde. Zum anderen drängte es ihn, weiter an seinen Schriften zur Politik zu schreiben, wozu ihm allerdings das Papier fehlte. Er musste also Toilettenpapier dafür benutzen, und das konnte man im Gefängnis sehr gut gegen Essen eintauschen.

Sogar im Exil behielt er seine rigide Selbstdisziplin bei. Seine Tage in Guinea, wo er ein Jahr lang den Ehrentitel eines »Co-Präsidenten« trug, begann er mit einer Stunde Yoga und einem anschließenden Frühstück, bestehend aus einer Grapefruit und Müsli mit Honig. Zu Mittag aß er gern sein Lieblingsgericht: Fischeintopf mit rotem Palmöl und Fufu (Maniok-Brei), nachdem er Schach oder Tennis gespielt hatte. Zum Dessert gab es einen Fruchtsalat und ein paar Bio-Vitaminpillen, die seine hingebungsvolle britische Sekretärin ihm aus einem Laden in der Londoner Baker Street kommen ließ.

GHANAISCHER FISCH-EINTOPF

Für 2–3 Personen

Kpakpo Shito ist eine würzige Sauce, die man selbst herstellen kann, indem man 12 Chilischoten, 2 große reife Tomaten und 1 Zwiebel fein hackt, mit Salz und Pfeffer würzt und vermischt. Da der Verbrauch von Palmöl inzwischen aus ökologischen Gründen verpönt ist, schlagen wir Kokosnussöl als Ersatz vor.

450 g frische Atlantikfische

4 scharfe Chilischoten zu einer Paste zermahlen

2 Esslöffel Tomatenmark

3 Esslöffel Krabbenpulver oder -paste

4 mittelgroße Zwiebeln, in dünne Scheiben geschnitten

4 frische Tomaten, geschält, entkernt und fein gehackt

6 Esslöffel Kpakpo Shito

300 ml Wasser

150 ml rotes Palmöl

1 Knoblauchzehe, zermahlen

1 Esslöffel frisch geriebener Ingwer

Salz

Den Fisch in eine Marinade aus Knoblauch, Ingwer, Chili und Salz legen, 30 Minuten ziehen lassen.

Öl in einer Pfanne erhitzen und die Zwiebeln und die frischen Tomaten schmoren, bis sie weich sind.

Das Krabbenpulver oder die Paste sowie das Tomatenmark hinzufügen und 10 Minuten simmern lassen.

Das Wasser einrühren und den Fisch mit der Marinade hinzufügen. Bei geringer Hitze 20 Minuten köcheln lassen, bis der Fisch gar ist.

Mit Reis oder Fufu servieren.

ASIEN

MAO ZEDONG

1893 – 1976

Während seiner siebenundzwanzig Jahre dauernden Herrschaft – von 1949 bis 1976 – setzte Mao alles daran, sein rückständiges Land, das von traditioneller Agrarwirtschaft geprägt war, in ein modernes Industrieland zu verwandeln. Die Widerstände waren groß, aber der eiserne Wille und das brutale bis terroristische Durchsetzungsvermögen des Großen Vorsitzenden der Kommunistischen Partei Chinas zwangen die Chinesen zu bedingungslosem Gehorsam. Mao gelang es, sein Land nach einem jahrelangen Bürgerkrieg zu vereinen, aber die Opfer waren groß.

Während der »Hundert-Blumen«-Kampagne rief er die Intellektuellen zur kreativen Mitarbeit in Staat und Gesellschaft auf, änderte dann aber seine Politik und ließ rund eine halbe Million gut ausgebildeter »Volksfeinde« verhaften. Es folgte der »Große Sprung nach vorn«, der China den Anschluss an die Industrieländer bescheren sollte. Tatsächlich erreichte er mit seinem ambitionierten Fünf-Jahres-Plan das Gegenteil und provozierte eine gigantische Hungersnot. Dieser Fehlschlag soll rund zwanzig Millionen Chinesen das Leben gekostet haben, was unter anderem daran lag, dass die Dörfer so viel von ihren erwirtschafteten Produkten an den Staat abliefern mussten, dass sie selbst nicht mehr genug zum Leben hatten.

Einige Jahre später lancierte Mao, um den inzwischen ein grenzenloser Personenkult betrieben wurde, die »Große Proletarische Kulturrevolution« und rief Arbeiter und Jugendliche auf, alle Konterrevolutionäre zu enttarnen und zu denunzieren, selbst wenn es sich um Familienmitglieder handelte. Die aufgestachelten Jugendlichen schlossen sich zu »Roten Garden« zusammen und terrorisierten alle, die sie als »Volksfeinde« enttarnt hatten. Es traf vor allem Angehörige akademischer Berufe. Außerdem wurden Kulturdenkmäler, Tempel, Bibliotheken und Museen zerstört, und die jungen Leute gingen nicht mehr zur Schule oder zur Universität. Gleichzeitig säuberte Mao den Parteiapparat von tatsächlichen oder vermeintlichen Oppositionellen, die aufs Land geschickt wurden, wo sie Zwangsarbeit leisten mussten.

Als der Terror der Roten Garden überhandnahm und sie sich weigerten, zu »wahrer Revolutionsarbeit« aufs Land zu gehen, um dort die Bauern zu unterstützen, musste Mao die Armee zu Hilfe rufen, um dem Spuk ein Ende zu bereiten.

Bei aller ideologischen Strenge legte Mao Zedong, der nicht aus ärmlichen Verhältnissen stammte, sondern der Sohn eines wohlhabenden Bauers aus Hunan war, durchaus Wert darauf, das Leben zu genießen. Er sorgte dafür, dass er niemals unter den schrecklichen Entbehrungen leiden musste, die er seinem Volk auferlegte. »Eine Revolution ist keine Dinner-Party«, schrieb er 1965 in seinem berühmten »kleinen Roten Buch« und brach ein Jahr später den Terror der Kulturrevolution vom Zaun.

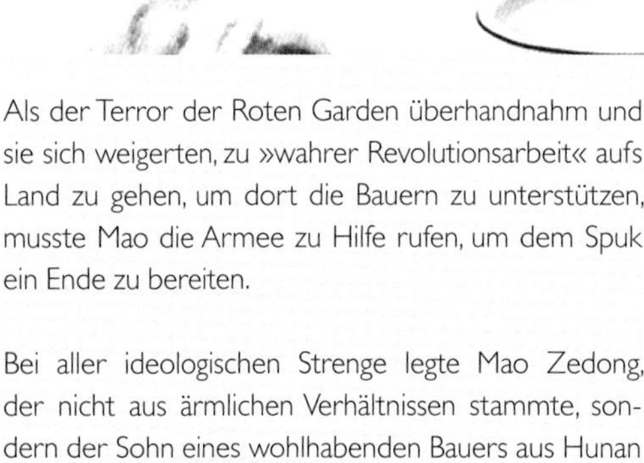

Schon zu Beginn seiner Herrschaft umgab Mao sich mit einem Stab persönlicher Bediensteter: ein Koch, der nur für ihn zuständig war, ein Junge, der ihn mit Wasser versorgen musste, ein anderer, der ihm die Zigaretten brachte. Und er liebte europäisches Essen mit viel Fleisch. Nach Angaben eines seiner Köche verlangte Mao, das Essen müsse spätestens zwanzig Minuten, nachdem er es bestellt hatte, auf dem Tisch stehen. Es gibt eine Filmaufnahme, die zeigt, wie er sich über ein ganzes Kilo Fleischragout hermacht, auf dem ein gebratenes Huhn thront. Vor allem aber liebte er den Wu-Chang-Fisch (Riesenscheibenbrasse), eine der begehrtesten Delikatessen in China. Als Mao einmal zu einer tausend Kilometer langen Zugreise aufbrach, befahl er seinem Koch, einem Bediensteten ein Exemplar davon als Proviant mitzugeben – lebend, in einer Plastiktasche mit Sauerstoffzufuhr. Er hasste Fisch, der nicht mehr frisch war, aber mehr noch verabscheute er ihn, wenn er vor der Zubereitung tiefgefroren war. »Ich esse nur lebende Fische«, sagte er einmal während eines Besuchs bei Stalin, bevor er seinen Untergebenen befahl, den Gastgeber zu beleidigen: »Werft ihm diese hier vor die Füße!«

In den späteren Jahren seiner Herrschaft wurde ein Bauernhof dazu ausersehen, ausschließlich für ihn Reis anzubauen. Die Pflanzen wurden mit Wasser aus der gleichen Quelle gewässert, die in der Vergangenheit den kaiserlichen Hof versorgt hatte. Er bevorzugte Reis, der per Hand enthülst worden war, damit die Membrane, die das Korn umgibt, vollständig erhalten blieb. Ein anderer Hof war dazu da, ihn mit Gemüse, Hühnchen und Sojaprodukten zu beliefern. Nur der beste Tee Chinas war gut genug für ihn: Drachenbrunnentee, ein grüner Tee aus der Umgebung von Longjing, und zwar nur die zartesten Blätter, die zur günstigsten Tageszeit gelesen wurden. Alle seine Speisen wurden von einem Vorkoster getestet, der auch sein Hausmeister war.

1968 kam der »Mango-Kult« in China auf. Diese Mode wurde ungewollt von Mao angestoßen, als er eine Kiste mit Mangos, die er vom Außenminister Pakistans geschenkt bekommen hatte, weitergab. Mao, der kein Freund von Früchten und schon gar nicht von Mangos war, ließ die Kiste in eine Fabrik in Peking schicken. Die dortigen Arbeiter fanden das Obst großartig. Sie versuchten, das Geschenk und seine magischen Kräfte zu konservieren, indem sie die Früchte mit Wachs bestrichen, oder sie zu »verinnerlichen«, indem sie den Saft tranken. Sie stellten sogar Kopien aus Plastik oder Wachs her. Tassen und Teller mit Mango-Motiven wurden kreiert. Die Mangos wurden schließlich zu einem wichtigen Symbol bei öffentlichen Paraden, ein Dichter verfasste sogar eine Eloge auf die exotische Frucht.

Der Große Vorsitzende beschäftigte sich sein ganzes Leben lang mit Aspekten der Ernährung. Auch die Verdauung und besonders die Ausscheidungen des Körpers waren ein wichtiges Thema für ihn. In seiner Jugend, als er noch kommunistischer Aktivist war, machte er sich Sorgen darüber, dass seine Gedärme sich wohl nur einmal pro Woche bewegten, so wenig hatte er zu beißen. Später dann, als er üppiger mit Nahrungsmitteln ausgestattet war, schrieb er in einem Brief an einen Freund einmal voller Begeisterung: »Ich kann jede Menge essen und jede Menge scheißen.« Während eines Staatsbesuchs in Moskau im Jahr 1949 beklagte er sich bei Stalin darüber, dass er sich auf einem modernen westlichen Toilettensitz überhaupt nicht wohlfühle und stattdessen die gute alte Hocktoilette bevorzuge. Bei einer anderen Gelegenheit, als Stalin ihn mal wieder warten ließ, schimpfte er lautstark:

»Bin ich etwa nur hergekommen, um zu essen, zu scheißen und zu schlafen?«

Körperhygiene wiederum war kein großes Thema für Mao. So genügte es ihm völlig, seine Zähne zu putzen, indem er sie kurz mit grünem Tee spülte und auf ein paar Blättern davon herumkaute. Das führte dazu, dass sie sich grün verfärbten und schließlich ausfielen. In seinen letzten Jahren war er deshalb nur noch in der Lage, sehr weiche Nahrung wie gedämpfte Bambussprossen oder pfannengerührte Salatblätter zu verzehren. Er schaffte es, ganze fünfundzwanzig Jahre lang nicht zu duschen oder zu baden. Stattdessen ließ er sich von einem Diener mit einem feuchten Tuch abreiben. Seine Ohren waren mit Schmalz verklebt, seine Achseln rochen sehr stark, wie eine seiner Frauen einmal erzählte. Sie erkannte ihren lange vermissten Sohn schließlich daran, dass er genau die gleichen Eigenschaften hatte wie sein Vater.

Mao Zedong litt an chronischer Schlaflosigkeit und nahm vor dem Abendessen regelmäßig Schlaftabletten, was bewirkte, dass er noch während des Essens einnickte. Seine Bediensteten mussten dann die im Mund verbliebenen Essensreste entfernen.

HONG SHAO ROU

(Rot geschmorter Schweinebauch)
Für 2 – 3 Personen

Mao blieb zeit seines Lebens den Spezialitäten seiner Heimatprovinz Hunan treu. Eines der traditionellen Gerichte aus dieser Gegend ist Schweinebauch, der in einer süßen Marinade gekocht wird. Mao aß dieses Gericht zweimal pro Monat und war fest davon überzeugt, dass es seine geistigen Fähigkeiten stärkte und ihn ermächtigte, seine Feinde zu besiegen. Das Fleisch musste unbedingt von einem Ningxiang-Schwein stammen, einer fast tausend Jahre alten Rasse, die kürzlich zum »agrarkulturellen Erbe« Chinas erklärt wurde.

450 g Schweinebauch

2 Esslöffel Erdnussöl

25 g Kristallzucker

1 Esslöffel Shaoxing-Reiswein

1 zwei Zentimeter langes Stück Ingwer, mit Schale in dünne Scheiben geschnitten

1 Sternanis, zermahlen

2 getrocknete rote Chilischoten, zermahlen

1 kleine Zimtstange, zermahlen

4 Esslöffel helle Soja-Sauce

1 Schuss dunkle Sojasauce

1 Bund Frühlingszwiebeln, fein gehackt

Den Schweinebauch knapp mit Wasser bedecken und 3 – 4 Minuten köcheln lassen.

Herausnehmen, abkühlen lassen und in Stücke schneiden.

In einem Wok das Erdnussöl erhitzen. Sternanis und Ingwer hineingeben. Fleisch hinzufügen und kurz anbraten, dann wieder herausnehmen. Zucker einstreuen und schmelzen lassen. Hitze höher stellen und rühren, bis er karamellisiert. Etwas Wasser angießen und verrühren. Chili und Zimt einrühren. Den Schweinebauch in den Wok geben und schwenken. Reiswein, Soja-Sauce und heißes Wasser angießen und das Fleisch, ganz von Flüssigkeit bedeckt, bei geringer Hitze zwei Stunden köcheln lassen, bis es zart ist.

Das Fleisch herausnehmen, warm halten und die Flüssigkeit einkochen. Fleisch auf eine Servierplatte geben und mit der Sauce überziehen. Zum Schluss die fein gehackten Frühlingszwiebeln darüber streuen.

Mit gedämpftem Reis servieren.

FERDINAND MARCOS

1917 – 1989

Der erfolgreiche Anwalt mit dem fotografischen Gedächtnis sah aus wie ein Filmstar und tat sich während des Zweiten Weltkriegs im Kampf gegen die Japaner hervor. Anschließend konzentrierte er seinen ganzen Ehrgeiz darauf, der mächtigste Mann der Philippinen zu werden. Nachdem er 1965 auf demokratischem Weg zum Präsidenten gewählt worden war, erklärte er 1972 nach einem fingierten Anschlag auf seinen Verteidigungsminister das Kriegsrecht, um die immer stärker werdende Opposition linker Studenten, kommunistischer Aufständischer und muslimischer Separatisten zu bekämpfen.

Er verwandelte sein Land in eine Kleptokratie, förderte die Vetternwirtschaft in allen Bereichen der Gesellschaft und konnte sich trotz allem auf die Unterstützung der USA verlassen. Aber die Extravaganzen des im Luxus schwelgenden Diktatoren-Ehepaars und der Machthunger seiner Frau Imelda – dem »Eisernen Schmetterling« – waren irgendwann kaum noch zu rechtfertigen. Als sogar die Kirche und Teile des Militärs sich von Marcos abwandten, musste er Wahlen zulassen. Nach der Ermordung seines innenpolitischen Gegners Benigno Aquino wurde dessen Frau Corazon zu seiner gefährlichsten Rivalin. 1986 wurde Marcos in einer gefälschten Wahl zum Sieger erklärt. Daraufhin rebellierte das Volk, Corazon Aquino kam an die Macht, und Ferdinand und Imelda gingen ins Exil. Das Paar ließ sich auf Hawaii nieder, wo Ferdinand Marcos 1989 starb.

Da die Ausreise recht hastig erfolgen musste, konnte Imelda leider nicht alle Habseligkeiten mitnehmen, die sie im Laufe ihrer Herrschaft angesammelt hatte. Sie ließ dreitausend Paar Schuhe und achthundert Kleider zurück, die später von Termiten zerfressen wurden oder im Keller eines Museums verrotteten. Obwohl sie sich zusammen mit ihrem Ehemann geschätzte fünf bis zehn Milliarden Dollar angeeignet hatte, wurde Imelda begnadigt und durfte 1991 wieder zurückkehren. Sie mischte sich erneut in die philippinische Politik ein und feierte 2009 ihren achtzigsten Geburtstag in einem Hotel in Manila ganz im alten Stil.

Das Ehepaar Marcos liebte es, Dinnerpartys mit anschließendem Unterhaltungsprogramm zu veranstalten. Nach dem Essen wurden philippinische Volkslieder vorgetragen und Tänze aufgeführt. Ferdinand und Imelda ließen sich oft dazu hinreißen, ihren Gästen im Duett ein Ständchen zu bringen.

Ferdinand legte auch großen Wert darauf, anlässlich eines Geburtstagsbanketts für Imelda ein Liebeslied für sie vorzutragen, das er selbst komponiert hatte. 1972, anlässlich des fünfundfünfzigsten Geburtstags des Diktators, befahl die First Lady den höchsten Offizieren des Landes, sich dem Jubilar in ihren Paradeuniformen zu präsentieren. »Alle Aspekte dieser Veranstaltung waren übertrieben«, berichtete der damalige US-Botschafter leicht verschnupft nach Washington, »es war zu viel des Guten, es dauerte zu lange, und war ziemlich geschmacklos.«

Das war typisch. Wenn Imelda während eines Staatsbesuchs auf eine eher verstockte Begleiterin an der Seite des jeweiligen Regenten traf, versuchte sie, das Eis zu brechen, indem sie ein Lied anstimmte oder einen Tanz vorführte. Elena Ceauşescu, die Frau des rumänischen Diktators, war offenbar ein besonders harter Fall. Aber dann, so berichtete ein Augenzeuge, »fing Imelda an, eine Melodie vor sich hin zu summen, und stimmte ein Lied an«. Elena soll sie daraufhin »durchaus interessiert« angeschaut haben und ließ sich sogar dazu hinreißen, ein paar Takte mitzusingen.

In den letzten Jahren der Herrschaft des Paares gehörte eine Modenschau zum offiziellen Programmpunkt nach dem Abendessen.

Die Essgewohnheiten von Ferdinand Marcos waren vergleichsweise bescheiden. Er liebte nichts so sehr wie gebratenen Fisch mit geschmortem Gemüse. Sardinen mit Malunggay waren eins seiner Lieblingsgerichte. Man sagte ihm nach, es verlangsame den Alterungsprozess und stärke die Libido. Außerdem mochte Marcos eine seltene Meeräschen-Art, die auch »Präsidentenfisch« genannt wurde. Der Fisch, der wie der europäische Lachs zum Laichen die Flüsse hinauf schwimmt und dort gefangen wird, hat einen sehr ausgeprägten Geruch und Geschmack und ist auf den Philippinen als der teuerste Fisch überhaupt. Auch gebratene Jakobsmuscheln mit Brokkoli und frittierte Rippchen mit Salat ließ Marcos sich gerne servieren.

Imelda jedoch begnügte sich nur dann mit den Gerichten, die ihr Ehemann gern aß, wenn sie auf Diät war. Ansonsten gab sie sich den üppigen Genüssen des südlichen Landesteils hin, aus dem sie stammte. Sie hatte einen gesunden Appetit und ließ sich nur allzu gerne von gutem Essen verführen. Ein Amerikaner, der Zugang zum Hof des Ehepaars Marcos hatte, erinnerte sich an ein Mittagessen in der indonesischen Botschaft, bei dem er beobachtete, wie Imelda sich am Buffet drei Teller füllte, weil sie keines der aufgefahrenen Gerichte auslassen wollte.

Vielleicht hatte Imeldas Hang zum Plündern von Buffets auch andere Gründe. Derselbe Amerikaner berichtete davon, dass die Aktivitäten der Küche im Malacañang Palace sehr zu wünschen übrig ließen. Mit dem Catering für die großen Empfänge wurden nämlich immer Hotels und Restaurants beauftragt. Das Essen wurde dann am Morgen des großen Ereignisses angeliefert. Ein Koch aus Europa, der einmal im Palast zu Besuch war, stellte schockiert fest, dass in der Küche überhaupt nichts los war: »Da saß ein alter chinesischer Koch auf einem Stuhl und machte ein Nickerchen, und eine Katze lag schlafend auf dem Tisch.«

Viele Gäste, die den Feierlichkeiten im Palast beiwohnten, waren irritiert von der Situation beim Ausschank von alkoholischen Getränken. Marcos selbst war Abstinenzler, aber sogar seine genussfreudige Ehefrau konnte sich einen ganzen Abend lang mit einem einzigen Glas Weißwein begnügen. »Je mehr Gäste eingeladen wurden, desto weniger Kellner gab es, und desto weniger Getränke standen bereit«, beklagte sich ein Gast, der regelmäßig derartige Anlässe besuchen musste. Es gab Gerüchte, die Kellner würden nur ungern neue Flaschen öffnen, weil sie sie lieber am nächsten Tag auf dem Schwarzmarkt verkaufen wollten.

Ferdinand Marcos ging ohnehin nicht gern unter Menschen und war kein Meister des Small Talks. »Wenn ihm eine Frage gestellt wurde, drückte er sich grundsätzlich um eine Antwort und neigte dazu, auszuweichen und abzuschweifen«, urteilte ein Bekannter der Familie. Imelda wiederum war eine Partylöwin. Wenn sie in Stimmung war, tauchte sie spät abends mit einer Horde von ungefähr zwanzig »Freundinnen« in ihrem Lieblingshotel in Manila auf, um lautstark ein spätes Abendessen einzunehmen. Spät bedeutete mitunter ein Uhr nachts, und die Feier dauerte dann bis zwei oder drei Uhr morgens. Sie nutzte die Auslandsreisen ihres Mannes gern für ausgiebige Shopping-Touren, und egal in welchem Land sie sich gerade befand, besuchte sie so viele Partys und Diskotheken wie möglich. In einem ihrer Häuser in New York hatte sie einen Party-Saal mit Disco-Kugel einrichten lassen und lud dort zu Feiern mit Live-Musik und Buffets mit Hummer und Steaks. Als sie einmal von einem Rom-Besuch zurückflog, befahl sie dem Piloten ihres Privatflugzeugs, noch einmal umzudrehen, weil sie vergessen hatte, Käse einzukaufen.

SARDINEN MIT MALUNGGAY-BLÄTTERN

Für 2 – 3 Personen

Malunggay-Blätter werden heute als Superfood bezeichnet. Sie sehen ähnlich wie Spinat aus, die Wurzeln haben einen ausgeprägt scharfen Geschmack, weshalb die Pflanze auch Meerrettich-Baum genannt wird. Die Blätter sind reich an Vitamin A, B und C und helfen das Immunsystem zu stärken, bekämpfen Würmer, beugen gegen Krebs vor, fördern den Schlaf und lindern die Beschwerden bei Asthma und Kopfschmerzen.
Die Chayote ist eine birnenförmige Frucht aus der Familie der Kürbisse. Sie stammt ursprünglich aus Südamerika, wird heute aber in vielen tropischen und subtropischen Regionen angebaut. Sie ist reich an Vitamin C und Aminosäuren.

6 frische Sardinen

4 Esslöffel Erdnussöl

2 zerdrückte Knoblauchzehen

1 Zwiebel, in Scheiben geschnitten

2 Chayote-Früchte, ungeschält und in Streifen geschnitten

225 g Malunggay-Blätter

120 ml Wasser

Salz und Pfeffer

Die Sardinen in einer Pfanne in Erdnussöl scharf anbraten, bis sie gebräunt sind, dann herausnehmen und beiseite stellen.

Knoblauch und Zwiebel hineingeben und andünsten. Chayote einrühen und einige Minuten garen, bis das Fruchtfleisch weich ist.

Die Malunggay-Blätter hinzufügen, 120 ml Wasser angießen und verrühren.

Die Sardinen darauf legen und alles so lange köcheln lassen, bis die Blätter dunkelgrün sind.

Mit Salz und Pfeffer würzen.

Dazu Reis servieren.

POL POT

Unter dem Namen Saloth Sar als achtes Kind eines wohlhabenden Bauern in der damaligen französischen Kolonie Indochina geboren, kam der junge Pol Pot dank eines Stipendiums Anfang der 1950er-Jahre nach Paris, um dort einen Kurs in Radioelektronik zu besuchen. In Frankreich lernte er den Marxismus kennen, wurde Mitglied der Kommunistischen Partei und kehrte in seine kambodschanische Heimat zurück, um Lehrer zu werden. Im Kampf um die Unabhängigkeit seines Landes schloss er sich der im Untergrund agierenden Bewegung der Roten Khmer an.

1963 gab er sich den Namen Pol Pot, von dem es heißt, er habe keine besondere Bedeutung gehabt. Von seinen Genossen wurde er schlicht Bruder Nr. 1 oder Onkel Sekretär genannt, weil er alles Persönliche zugunsten der politischen Arbeit zurückstellte. 1975 waren die Roten Khmer stark genug, um die kambodschanische Hauptstadt Phnom Penh zu erobern. Anschließend leiteten sie in Windeseile eines der grausamsten kommunistischen Experimente aller Zeiten in die Wege. Während der folgenden vier Jahre starb ein Viertel der Bevölkerung durch Hunger, Folter, Krankheit, Überarbeitung oder Hinrichtung. Um die Kosten für die Munition zu sparen, wurden die Opfer des Regimes oftmals lebendig begraben. Die Gebiete, in denen Massengräber gefunden wurden, haben inzwischen als »Killing Fields« weltweit eine traurige Berühmtheit erlangt. 1979 marschierten die Truppen des benachbarten Vietnam in Kambodscha ein, vertrieben Pol Pot und die Roten Khmer aus Phnom Penh und zwangen sie zum Rückzug in den Dschungel an der thailändischen Grenze.

Pol Pot starb 1998 in seinem Versteck, ob durch Selbstmord oder weil er vergiftet wurde, wurde nie geklärt, da keine Obduktion stattgefunden hat. Die offizielle Todesursache lautete Herzversagen.

Pol Pots Ansatz zur Realisierung seiner Ideen einer kommunistischen Gesellschaft war extrem. Er stellte die Uhr zurück auf null, ließ alle Bewohner von

Phnom Penh aufs Land umsiedeln, um die städtischen Eliten zu zerstören. Fortan mussten alle Menschen als absolut Gleiche in Kommunen leben. Privates Kochen wurde verboten, alle Speisen mussten in öffentlichen Kantinen eingenommen werden. Das hatte den Vorteil, dass die Verteilung der Nahrungsmittel vollständig unter der Kontrolle der Roten Khmer stand. Die Tagesration für einen Erwachsenen bestand aus zwei Schalen Reissuppe.

Ein Bauer erinnerte sich später: »Wir bauten die ganze Zeit Reis an, in der Regenzeit wie auch in der Trockenzeit, und haben sehr viel geerntet, aber wir durften nichts davon essen. Wir bekamen nur Reissuppe, und das war nichts weiter als eine Schüssel mit Wasser und ein paar Reiskörnern darin.« Als er gefragt wurde, wie denn die kommunistischen Anführer diese Diät ertragen hätten, erklärte der Bauer: »Sie haben immer mit uns gegessen, aber dann sind sie nach Hause gegangen und haben noch mehr gegessen. Woher wir das wussten? Ganz einfach: Wir waren alle ganz dünn, und sie waren dick.«

Pol Pot selbst, den ein britischer Journalist als einen Mann mit »einer zarten Haut wie Tapioka-Pudding und einem weichen, plumpen Körper wie dem eines wohlgenährten Buddha« beschrieb, hatte immer genug zu essen und zu trinken, sogar noch in seinem Versteck im Dschungel von 1979 an. Nach Auskunft seines ehemaligen Kochs mochte er »einfache ländliche Speisen« wie Reh oder Wildschwein, vielleicht auch mal Schlange, gefolgt von frischem Obst, und alles wurde mit Brandy und chinesischem Reiswein hinuntergespült.

Der Koch beschrieb die Zubereitung eines Kobra-Eintopfs, die durchaus glaubhaft wirkt: Zuerst muss die Kobra getötet und der Kopf vom Körper getrennt werden. Dann sollte sie an einen Baum gehängt werden, aber so, dass Kinder sie nicht zu fassen bekommen, damit das Gift in der Sonne trocknet und zerfällt. Das auslaufende Schlangenblut muss in einer Schale aufgefangen werden, damit es zusammen mit einem Glas Weißwein serviert werden kann. Als Nächstes muss die Kobra in Stücke gehackt werden, dann wird das Fleisch mit einer Handvoll Erdnüssen zu einem Brei zerstampft. Schließlich gibt man es mit etwas Zitronengras, Kräutern und zermahlenem Ingwer in heißes Wasser. Es muss mindestens eine Stunde lang kochen.

Kein Wunder, dass Pol Pot unter Verdauungsproblemen und Schlaflosigkeit litt.

FISCHSALAT NACH ART DER KHMER

Für 4 Personen

Schlangen werden in vielen Ländern Asiens gegessen und sind so allgegenwärtig, dass sie auch vielen anderen Tieren, Produkten oder Speisen ihren Namen gegeben haben.

160 g Schlangenkopffisch oder ein Filet vom Red Snapper

2 Teelöffel Korianderpaste

1 Stück Zitronengras längs geschnitten (nur das Weiße)

240 ml Limonensaft

50 g fein geschnittener Weißkohl

50 g fein gehobelter Rotkohl

50 g gehobelter Eisbergsalat

1 Minigurke aus dem Asia-Laden

160 g grüne Pfefferschoten, klein geschnitten

2 Karotten, sehr klein geschnitten

4 Schalotten, in sehr dünne Scheiben geschnitten

4 Schlangenbohnen (Spargelbohnen) oder 1 Handvoll frische grüne Bohnenkerne

1 Handvoll Bohnensprossen

1 Handvoll Minzblätter

1 Handvoll Thai-Basilikum

4 Teelöffel Zucker

2 Teelöffel Fischsauce

klein geschnittene rote Chilischoten

geröstete, ungesalzene Erdnüsse

Den Fisch in mundgerechte Stücke schneiden.

Korianderpaste, Zitronengras und Limonensaft in einer Schüssel vermengen, mit einer Prise Meersalz würzen und gut verrühren.

Den Fisch hineingeben und zehn Minuten ziehen lassen. Anschließend herausnehmen, abtupfen und die Marinade aufbewahren.

Alles Gemüse und alle Kräuter in einer Salatschüssel vermischen.

Den Fisch mit dem Zucker und der Fischsauce und 120 ml der Marinade begießen. Gut mischen.

Mit den gerösteten, ungesalzenen Erdnüssen und klein geschnittenen roten Chilischoten garnieren.

SAPARMURAT NIJASOW

Er verlieh sich großspurig den Titel »Turkmenbaschi«, was so viel heißt wie »Führer aller Turkmenen«, aber sein Leben fing alles andere als großartig an. Nijasow wuchs als Waisenkind auf. Sein Vater, ein einfacher Arbeiter, starb als Soldat im Zweiten Weltkrieg, seine Mutter und seine Geschwister kamen 1948 bei einem Erdbeben ums Leben.

Und so wurde die Kommunistische Partei der Sowjetunion für diesen Mann, der in Leningrad eine Ausbildung zum Elektroingenieur absolvierte, zu einer Art Ersatzfamilie, in der er rasch aufstieg. Gorbatschow sorgte dafür, dass er Vorsitzender der Partei in Turkmenistan wurde. Während seiner einundzwanzig Jahre dauernden Herrschaft (von 1985 bis zu seinem Tod 2006) brach die Sowjetunion zusammen, und er übernahm die Aufgabe, Turkmenistan in die Unabhängigkeit zu führen. Dass sein Land über eins der größten Erdgasvorkommen der Welt verfügt, dürfte ihm dabei geholfen haben. Er benannte die KP in »Demokratische Partei« um, ließ sich zum Staatspräsidenten wählen, übernahm auch das Amt des Ministerpräsidenten und herrschte fortan autokratisch. Seine Regierungszeit war von starken paternalistischen Tendenzen und einem extremen Personenkult geprägt. Zwar agierte er nicht vordergründig brutal oder grausam, aber er schränkte die Religionsfreiheit ein und forderte die russischen Staatsbürger auf, sein Land zu verlassen. Sein Hang zur Korruption sorgte für einen wirtschaftlichen Niedergang, der massenhafte Arbeitslosigkeit zur Folge hatte.

Millionen von Dollars, die durch die Ausbeutung der Gasvorkommen erwirtschaftet wurden, verschwendete er für den Bau von vergoldeten Statuen und eine rosa und grün illuminierte monumentale Kopie seines Lehrbuchs *Ruhnama* (*Buch der Seele*). Diese neun Meter hohe Kopie aus Marmor stand bis zu seinem Tod in der Hauptstadt Aschgabat und konnte mithilfe eines Mechanismus geöffnet werden, um die darin enthaltenen Weisheiten zu enthüllen.

Im Laufe seiner Herrschaft wurde Nijasow immer exzentrischer, was seine Anordnungen betraf. So durften die Männer keine Bärte mehr tragen, Goldzähne

waren verboten, ebenso Autoradios, Ballett, Oper, Kino und Zirkus, und die Bibliotheken wurden geschlossen. Es gab strenge Reisebeschränkungen, und wer den großen Führer kritisierte, lief Gefahr, in der Psychiatrie zu landen.

»Körperliche Gelüste können der Gier Vorschub leisten«, war eine der schlichten Erkenntnisse, die er in seinem *Buch der Seele* aufgeschrieben hatte. Und Nijasow wusste durchaus, wovon er sprach. Er liebte den Brandy und trank ihn in rauen Mengen, sogar als er sich auf den Hadsch begab, die Pilgerfahrt der Moslems nach Mekka. Ein ehemaliger Außenminister berichtete, Nijasow habe während seines Besuchs der heiligen Stätten so viel getrunken, dass der saudische König sich weigerte, ihn zu empfangen.

Er nahm auch regelmäßig Heroin, das in seinem Land dank des reichhaltigen Mohnanbaus im Übermaß vorhanden war. Angeblich förderte der Rauschgiftkonsum seine Paranoia, die sich darin äußerte, dass er mit Pistolen bewaffnet durch seinen Amtssitz rannte und auf unsichtbare Eindringlinge schoss. Er musste sich in München einer Bypass-Operation unterziehen und versuchte, mit medizinischer Hilfe von seiner Drogenabhängigkeit loszukommen, die lebensbedrohliche Ausmaße angenommen hatte. Als er sein Heil im gesunden Lebenswandel gefunden hatte und täglich Übungen zur Körperertüchtigung durchführte, tendierte er auch hier zum autoritären Exzess: Er verdonnerte alle Staatsbeamten dazu, mindestens einmal im Jahr eine achtundzwanzig Kilometer lange Wanderung durch die Berge in der Umgebung der Hauptstadt zu absolvieren. Seinem Volk gab er darüber hinaus nützliche Gesundheitstipps. So sollten sie auf ihre Zahnhygiene achten, damit ihr Gebiss so kräftig werden würde wie das eines Hundes – indem sie an Knochen nagten.

In Bezug auf die Ernährung seines Volkes lagen dem Diktator besonders Melonen, Pferdefleisch und Brot am Herzen. Das traditionelle Brot ließ er in »Gurbansoltan« umbenennen, in Erinnerung an seine verstorbene Mutter. Den Verzehr von Pferdefleisch verbot er, weil die in seinem Land heimische Rasse Achal Teke, eine der ältesten der Welt, für ihre Schönheit und Geschwindigkeit weltweit berühmt ist. Und den zweiten Sonntag im August erklärte er zum nationalen Feiertag zu Ehren der fünfhundert verschiedenen Melonensorten, die es in Turkmenistan angeblich gibt.

»Möge das Leben eines jeden Turkmenen so schön sein wie unsere Melonen!«, war einer der Aussprüche, die Nijasow anlässlich des Melonen-Feiertags zum Besten gab.

Die turkmenische Küche hat aber durchaus interessantere (und mitunter auch weniger gesunde) Gerichte zu bieten als frische Melonen. Traditionell werden zum Beispiel Wassermelonen in Stücke geschnitten, in Zuckersirup gekocht und anschließend mit Schafsfett vermischt, um einen cremigen Aufstrich herzustellen, der als Wassermelonenbutter bekannt ist und zum Frühstück gereicht wird. Eine weitere Spezialität ist der turkmenische Pilaw. Einer volkstümlichen Weisheit aus Zentralasien zufolge soll jedes Gericht idealerweise »so üppig sein, dass sich das Fett über die Arme des Speisenden ergießt«.

PILAW

Für 8 Personen

In den Ländern der ehemaligen Sowjetunion sind Pilaw-Gerichte (hier auch Plow genannt) weitverbreitet und werden oftmals mit erstaunlich großen Mengen von Öl und Knoblauch hergestellt. In Zentralasien werden Pilaw-Essen unter freiem Himmel veranstaltet, ähnlich wie im Westen die Barbecues, und die Männer greifen zum Kochlöffel.

1 kg Lammfleisch (Schulter oder Nacken)

5 mittelgroße Karotten

1 große Zwiebel

300 ml Baumwollsaatöl oder Sonnenblumenöl (kein Olivenöl)

15 ganze Knoblauchzehen, geschält

1,3 l Wasser

1 kg Basmatireis

2 Esslöffel Salz

Pfeffer zum Abschmecken

Das Lammfleisch in mundgerechte Stücke schneiden. Die Karotten schälen und in streichholzgroße Stifte schneiden. Zwiebel halbieren und in Scheiben schneiden.

In einer großen Pfanne mit Deckel das ganze Öl (ja, das ist viel) bei mittlerer Flamme erhitzen. Die Knoblauchzehen und das Fleisch darin anbraten.

Wenn das Fleisch auf allen Seiten gebräunt ist, die Zwiebel hinzufügen, dann die Karottenstifte. Weich kochen. Wasser und Salz hinzufügen und 5 Minuten köcheln lassen. Den Reis darüber streuen. Erst ganz zum Schluss umrühren.

Den Pfanneninhalt zum Kochen bringen und 35 bis 40 Minuten garen.

KIM JONG-IL

Schon die Geburt von Nordkoreas »Liebem Führer« wurde später so dargestellt, als sei sie der Beginn einer außergewöhnlichen Epoche in der Geschichte seines Landes gewesen: Sie soll von einer Schwalbe und einem doppelten Regenbogen angekündigt worden sein. Darüber hinaus wurde das Erscheinen eines neuen Sterns am nächtlichen Himmel beobachtet. Vom ersten Tag an soll der spätere Herrscher ein außergewöhnlich begabtes Kind gewesen sein. So konnte er bereits im Alter von drei Wochen laufen, schon nach acht Wochen sprechen, und nur wenig später beschäftigte er sich mit dem Verfassen von Opern-Libretti und dicken Büchern.

Kim Jong-il war eher klein (1,58 Meter), aber dieses Manko wurde durch Schuhe mit Plateausohlen und eine hoch aufgebauschte Frisur kaschiert. Sein Bauch wurde durch den Overall, den er gern trug, besonders hervorgehoben. Nachdem er sich einen Golfplatz hatte bauen lassen, stellte er fest, dass er eine außergewöhnliche Begabung zum Golfspielen hatte. Schon beim ersten Mal, als er den Schläger in die Hand nahm, gelang ihm auf Anhieb eine 38-under-par-Runde, wobei er elfmal mit nur einem Schlag ins Loch traf. Er war wesentlich autoritärer veranlagt als sein Vorgänger und Vater Kim Il-sung und verordnete seinem Volk 1994 bei seinem Amtsantritt die Juche-Ideologie, bei der eine vollständige Autarkie Nordkoreas angestrebt wird. Danach sollte mit keinem anderen Land Handel getrieben werden, nicht mal mit den befreundeten Staaten Sowjetunion und China. Als Nordkorea von verheerenden Fluten und Ernteausfällen heimgesucht wurde, kam es 1995, ein Jahr nach seiner Machtübernahme, zu großen Hungersnöten. Um seine Herrschaft abzusichern, ließ Kim Jong-il 200.000 Dissidenten in Arbeitslager schaffen.

Im Jahr 2006 gab er zu, dass sein Land einen Atombombentest durchgeführt hatte. Daraufhin erließen die USA Wirtschaftssanktionen gegen Nordkorea und erstellten eine Liste von Exportgütern, die nicht mehr dorthin geliefert werden durften. Unter die

Sanktionen fielen auch Hochseejachten und Chanel No. 5 – um den autokratischen Herrscher dort zu treffen, wo er ganz besonders empfindlich war.

Kim Jong-il war zweifellos der größte Gourmet unter allen Diktatoren, in dieser Hinsicht war er sogar dem Lebemann Fidel Castro überlegen. Er besaß eine ganze Bibliothek mit Kochbüchern und forderte seine Botschafter im Ausland auf, ihm lokale Spezialitäten zuzusenden. Seinen Leibkoch ließ er durch die ganze Welt jetten, um nach neuen Delikatessen zu suchen, wie zum Beispiel iranischem Kaviar, dänischem Schweinefleisch, thailändischen Mangos und mit Beifuß aromatisiertem Reiskuchen aus Japan zu 120 Dollar das Stück.

Hunderte Menschen wurden dazu abgestellt, sich um den Erhalt seiner Gesundheit und seiner Lebenskraft zu kümmern, indem sie dafür sorgten, seine extravaganten Gelüste zu befriedigen. Eine kleine Armee von Frauen wurde extra dafür rekrutiert, jedes für ihn bestimmte Reiskorn zu prüfen, denn alle sollten in Größe, Form und Farbe absolut gleich aussehen. Der Reis wurde dann über einem Feuer gekocht, dessen Holz von Bäumen stammte, die auf einem ganz bestimmten Berggipfel in der Nähe der chinesischen Grenze wuchsen. »Einen derartigen Aufwand bei der Essenszubereitung kann man eigentlich nur für ein gottgleiches Wesen betreiben«, erklärte einmal ein Psychologe. »Nur einem Gott darf nichts Unperfektes angeboten werden.« Gnade dem, der es wagen sollte, eine Pizza mit Sardellen zu servieren.

In seinem Weinkeller lagerten zehntausend Flaschen der besten Weine der Welt, und er ließ jedes Jahr Cognac im Wert von 500.000 Euro importieren, für seinen persönlichen Genuss. Der größte Kunde bei Hennessy, so heißt es, sei Kim Jong-il gewesen.

Der japanische Koch Kenji Fujimoto wurde extra eingestellt, um Kim die luxuriösesten und perfektesten Sushi-Gerichte der Welt zu servieren, darunter auch Sashimi vom Fugu, dem tödlich giftigen Kugelfisch. In einem Buch, in dem er die kulinarischen Exzesse des Diktators beschreibt, erzählt Fujimoto, Kim Jong-il habe rohen Fisch so frisch wie möglich verspeisen wollen, weshalb er mit dem Essen schon anfing, »wenn das Maul noch schnappte und der Schwanz

noch zuckte«. Lebende Hummer wurden per Hubschrauber zu seinem Zug gebracht, der gerade auf dem Weg nach Moskau durch Sibirien fuhr.

Es gab sogar ein besonderes Institut in Nordkorea, dessen einziges Ziel es war, das Leben des Diktators zu verlängern. Alle seine Speisen wurden extra für ihn gezüchtet und angebaut, während der Rest der Bevölkerung hungerte.

Immerhin erdachte er 2006, kurz vor seinem Tod, den Plan, besonders große deutsche Kaninchen zu züchten, um auf diese Weise die Nahrungsknappheit in seinem Land zu überwinden. Die Sache ging allerdings schief, weil sich herausstellte, dass die Kosten für das Futter der Tiere viel zu hoch waren, um sie als wirtschaftlich sinnvolles Nahrungsmittel einzusetzen. Der findige Diktator »erfand« im Jahr 2000 eine ganz neue Spezialität, das Gogigyeopbbang, das aus zwei Brötchenscheiben und einem dazwischen befindlichen Stück Hackfleisch bestand.

Eines seiner Lieblingsgerichte war Haifischflossensuppe, die er genau wie Boshintang, einen Eintopf aus Hundefleisch, gern verspeiste, weil beide angeblich das Immunsystem und die Potenz stärken. Aber obwohl er ein fanatischer Gourmet war, aß Kim Jong-il von den vielen Speisen, die ihm aufgetragen wurden, immer nur ganz wenig. Sehr gerne mochte er auch Salo aus Russland, einen gesalzenen und gereiften fetten Schweinespeck. Seine Frühstückssuppe wurde aus Süßwasserschnecken bereitet. Vielleicht lag es ja an seiner Vorliebe für starken schwarzen Kaffee, dass er schließlich an einem Herzinfarkt starb. Gerüchten zufolge hat er allerdings auch an Diabetes gelitten.

HAIFISCH-FLOSSENSUPPE

Für 6 – 8 Personen

Wegen der grausamen Methoden zur Erbeutung von Haifischflossen ist der Fang mittlerweile verboten. Trotzdem werden Haifische weiterhin illegal gefangen, weil ihre Flossen als Delikatessen und als Aphrodisiakum gelten. Ein guter Ersatz ist ein thailändisches Produkt namens Imitation Shark Fin. Mitunter werden auch Gelatine, Soja, Schweineschwarte oder Hähnchenbrust verwendet. Tatsächlich haben Haifischflossen keinen ausgeprägten Geschmack, weshalb die Verwendung eines Ersatzprodukts nicht negativ auffällt.

450 g Haifischflossen (ca. 8 Stück, einen Tag zuvor vorbereiten)

6 große getrocknete Shiitake-Pilze

6 gekochte Bambussprossen, in feine Streifen geschnitten

225 g Hühnchenbrust, gekocht und gehackt

225 g Krabben, gepult

3 Esslöffel Shaoxing-Reiswein

4 dünne Scheiben frischer Ingwer

3 Esslöffel Erdnussöl

1,5 l Hühnerbrühe

2 Esslöffel Maisstärke mit Wasser angerührt

2 Esslöffel helle Soja-Sauce

¼ Teelöffel frisch gemahlener weißer Pfeffer

1 Esslöffel Sesamöl

Haifischflossen in einen Topf legen, knapp mit Wasser bedecken (ca. 2 Liter) und zum Kochen bringen. 30 Minuten kochen, zwischendurch die Stücke einmal wenden. In einem Sieb abgießen und unter kaltem Wasser abschrecken.

Die Haifischflossen in einen Topf geben, die Haut abziehen (falls sie noch vorhanden ist), Gräten entfernen und mit kaltem Wasser übergießen. 24 Stunden stehen lassen.

Die Pilze in warmem Wasser eine halbe Stunde einweichen. Abgießen, trocken tupfen und in Scheiben schneiden.

Das Fleisch in einen Topf legen und mit ungefähr 1 l Wasser bedecken. Einmal aufkochen und das Wasser abgießen. Fleisch in Würfel schneiden.

Das Fleisch zurück in den Topf geben und mit 1 l Wasser, dem Reiswein und der Hälfte des Ingwers zum Kochen bringen. 1 Minute kochen, abgießen und den Ingwer entfernen.

Erdnussöl in einem Wok oder in einer Pfanne erhitzen. Bambussprossen, den restlichen Ingwer und die Pilze hinzufügen. Zehn Sekunden anbraten und dabei rühren. Die Hühnerbrühe angießen, die Haifischflossen dazugeben und aufkochen. Den weißen Schaum abschöpfen, der an die Oberfläche steigt. Salzen. Das Fleisch und die Krabben dazugeben und kochen, bis das Fleisch zart ist.

Maismehl einrühren. Soja-Sauce hinzufügen. Mit weißem Pfeffer und Sesamöl abschmecken und servieren.

NORD- UND
SÜDAMERIKA

RAFAEL TRUJILLO

1891 – 1961

Der spätere Herrscher der Dominikanischen Republik wurde als drittes von dreizehn Kindern einer armen Familie haitisch-dominikanischen Ursprungs geboren. In seiner Jugend wurde Rafael Trujillo wegen Viehraub, Scheckfälschung und Diebstahl zu einer Gefängnisstrafe verurteilt und war eine Zeit lang Anführer einer Bande, die bewaffnete Raubüberfälle durchführte.

Der geläuterte Gangster trat 1918 während der amerikanischen Besetzung seines Landes in die neu gegründete Nationalgarde ein und stieg innerhalb von zehn Jahren vom Leutnant zum General auf. 1930 führte er mit Unterstützung der Amerikaner einen Putsch durch und ließ sich in gefälschten Wahlen zum Präsidenten ernennen. Anschließend stilisierte er sich als Herrscher vom Format eines Napoleon oder Cäsar und ließ die Hauptstadt des Landes, eine Provinz sowie einen Berg nach sich benennen. Von den Kirchen verlangte er, Plakate aufzuhängen, auf dem die Parole »Trujillo auf Erden und Gott im Himmel« prangte. Hinter vorgehaltener Hand gaben ihm seine Untertanen die Spitznamen »Chapitas« (Kronkorken, weil er so viele Medaillen an seiner Uniform trug) oder »El Chivo« (Ziegenbock, wegen seiner unersättlichen Gier nach Sex).

Zwar gelang es ihm, die Infrastruktur und die Industrie seines Landes auszubauen, gleichzeitig sorgte er aber auch dafür, dass 60 Prozent des Grund und Bodens und 80 Prozent der Betriebe in seinem Besitz waren, was ihm sagenhaften Reichtum bescherte. Obwohl er selbst aus einer Familie mit haitischen Vorfahren stammte, ließ er die dunkelhäutigen Haitianer verfolgen, weil er sein Land »weißer« machen wollte. Aus diesem Grund bot er 1938 sogar an, hunderttausend in Europa verfolgte Juden einzubürgern. Es kamen dann allerdings nur sechshundert.

Der Jefe, wie er sich gern nennen ließ, verheiratete mitunter willkürlich seine Untertanen und ließ sich junge Mädchen zuführen, die er reich beschenkte, wenn sie ihm gefielen. 1961 wurde er in einen

Hinterhalt gelockt und erschossen. Sein ältester Sohn Ramfis, den der Vater schon im Alter von sieben Jahren zum Oberst befördert hatte, übernahm die Macht, musste aber ein Jahr später flüchten, als US-Präsident Kennedy der Geduldsfaden riss und er einen Militärputsch gegen den Trujillo-Clan lancierte.

Rafael Trujillos Wesen war durch eine interessante Mischung aus weiblichen und männlichen Charakterzügen gekennzeichnet; man kann ihn sich vielleicht als eine Kombination aus Rudolph Valentino und Imelda Marcos vorstellen.

Er hatte eine ungewöhnlich hohe Stimme und trug immer sehr starkes Make-up, um seine dunkle Hautfarbe zu überdecken. Er besaß über zweitausend Anzüge und üppig dekorierte Uniformen, zehntausend Krawatten und fünfhundert Paar Schuhe. Trotz dieser weiblich anmutenden Vorlieben war er in sexueller Hinsicht ein Raubtier. Am liebsten verging er sich an pummeligen minderjährigen Mädchen, sein Appetit in dieser Hinsicht war berüchtigt. »Kein Mann in der modernen Welt hat mehr junge Mädchen entjungfert als er«, hieß es. Die Väter versuchten verzweifelt, ihre Töchter unter Verschluss zu halten, damit sie dem Diktator nicht unter die Augen kamen. Denn wer ihm nicht zu Willen war, riskierte, seine Arbeit zu verlieren oder ins Gefängnis zu kommen.

Trujillos Lieblingsgericht waren Jungfrauen. Essen schien ihn nicht in gleicher Weise zu begeistern. Auch litt er nicht an der für viele andere Tyrannen typischen Fettleibigkeit oder an Verdauungsstörungen. Er hielt sich fit und gesund, indem er einem genau geplanten Tagesablauf nachging: Morgens nahm er ein leichtes Frühstück zu sich, mittags speiste er üppiger und begab sich anschließend auf einen zwei Kilometer langen Spaziergang. Dann folgten eine neunzig Minuten dauernde Siesta, ein leichtes Abendessen und exakt eine halbe Stunde Konversation mit seiner Mutter.

Er legte Wert auf Disziplin, aber seine Manieren bei Tisch ließen zu wünschen übrig. Denn je älter er wurde, desto mehr trank er, und wenn er betrunken

war, kamen die schlechten Eigenschaften seiner proletarischen Herkunft zum Vorschein. Er äußerte sich unflätig, warf mit obszönen Worten um sich, beschimpfte Männer, die ihm missfielen, als Pendejo – was eigentlich Schamhaar bedeutet, im übertragenen Sinn aber auch Schwachkopf oder Dreckskerl.

Trujillo war immer darauf erpicht, als ein Angehöriger der Oberschicht anerkannt zu werden, weshalb er der europäischen Küche huldigte. In Wahrheit aber liebte er die derbe kreolische Kost seiner Jugend.

Die Unterscheidung zwischen Eingeborenen und Europäern, zwischen dunkler und heller Hautfarbe war sehr wichtig für ihn. Der Hass auf die schwarze Bevölkerung trieb ihn 1937 zu einer Gräueltat, die als »Petersilie-Massaker« in die Geschichte einging. Auf Trujillos Anweisung sollte der Anteil der Haitianer an der Bevölkerung reduziert werden. Um sie von den Dominikanern zu unterscheiden, wurde ihnen angeblich ein Strauß Petersilie vors Gesicht gehalten, und man fragte sie, was das sei. Wenn der Gefangene nicht in der Lage war, das Wort Perejil mit rollendem R auszusprechen, wurde er als vermeintlicher Haitianer mit der Machete traktiert, bis er tot war.

Petersilie gehört auch in eins der dominikanischen Nationalgerichte, das mit sieben verschiedenen Fleischsorten gekocht wird.

SANCOCHO DOMINICANO DE SIETE CARNES

(Dominikanischer Fleischtopf)

Für 8 Personen

Dieses üppige Fleischgericht wird in der Dominikanischen Republik bei allen großen Festlichkeiten serviert – Taufen, Hochzeiten, Geburtstagen. Dazu trinkt man kühles Bier oder Rum.

Jeweils 450 g Schmorfleisch von Rind, Ziege, Schwein und Huhn, sowie Schweinswurst, Rippchen und Schinken ohne Knochen

2 Zitronen oder Limetten

1 kleines Bund Petersilie, fein gehackt

½ Esslöffel getrockneter Oregano

2 – 3 Knoblauchzehen, fein gehackt

1 ½ Teelöffel Salz

4 Esslöffel Pflanzenöl

2,5 l Wasser

230 g Yamswurzel, in Scheiben geschnitten

230 g Yautiawurzel (Malanga), in Scheiben geschnitten

230 g Maniokwurzel (Cassava), in Scheiben geschnitten

3 grüne Kochbananen, in Ringe von 2,5 cm Durchmesser geschnitten

2 Maiskolben, in Ringe von 2,5 cm Durchmesser geschnitten

Alle Fleischsorten in mundgerechte Stücke schneiden und mit Ausnahme der Wurst jeweils separat in mehreren Schüsseln mit dem Zitronensaft marinieren.

Das Öl in einem Schmortopf erhitzen. Das Rindfleisch hineingeben und unter Rühren anbraten, dann 10 Minuten mit geschlossenem Deckel schmoren. Falls es anzubrennen droht, etwas Wasser hinzufügen.

Das Schweinefleisch hinzufügen und verrühren. Mit geschlossenem Deckel 15 Minuten schmoren.

Das restliche Fleisch dazugeben und weitere 5 Minuten kochen.

2 l Wasser angießen. Wenn es zu kochen beginnt, Yams, Yautia, Maniok und die geschnittenen Bananen hinzufügen. 15 Minuten köcheln lassen. Alle anderen Zutaten hinzufügen und bei geringer Hitze ungefähr 10 Minuten köcheln, bis Fleisch und Gemüse weich sind.

Mit Salz abschmecken.

Dazu Reis servieren.

FRANÇOIS DUVALIER

1907 – 1971

Nachdem er in seiner Geburtsstadt Port-au-Prince Medizin studiert hatte, ging François Duvalier für ein Jahr in die Vereinigten Staaten, um seine Kenntnisse in der Bekämpfung von Tropenkrankheiten zu verbessern. Anschließend praktizierte er in den ländlichen Regionen von Haiti und war so beliebt in der Bevölkerung, dass man ihm den Spitznamen »Papa Doc« gab.

1949 wurde er Gesundheitsminister und trat 1957 bei den Präsidentschaftswahlen an, die er mit 70 Prozent Zustimmung gewann. Zu diesem Zeitpunkt war er bereits fünfzig Jahre alt, trug immer einen schwarzen Anzug sowie eine markante Brille und erklärte sich zum Schutzherrn der größtenteils armen schwarzen Haitianer, die er gegen die hellhäutige Oberschicht aufhetzte. Nachdem er einen Putschversuch des Militärs überstanden hatte, schwang er sich zum »starken Mann« auf und inszenierte sich gegenüber der Voodoo-gläubigen Bevölkerung als gottgleicher Herrscher. Sein vierzehn Jahre dauerndes Regime festigte er mit den »Tontons Macoutes«, paramilitärischen Verbänden, die die Bevölkerung in Angst und Schrecken versetzten. Ihre Uniform bestand aus Strohhüten, Baumwollhemden und verspiegelten Sonnenbrillen, und sie hatten doppelt so viele Mitglieder wie die reguläre haitianische Armee.

Anfang der 1960er-Jahre trug Papa Doc in der Öffentlichkeit immer einen Frack, einen Homburg-Hut und eine dunkle Sonnenbrille, sprach mit hoher nasaler Stimme und behauptete, er sei die Inkarnation des mächtigen Voodoo-Gottes Baron Samedi. 1971, zum Zeitpunkt seines Todes, wurde die Hälfte des haitianischen Staatsbudgets für die Tontons Macoutes verwendet. Zigtausend Haitianer, vor allem die gut ausgebildeten, hatten das Land verlassen. Schätzungen zufolge wurden während seiner Herrschaft 30.000 Haitianer erschossen, eingekerkert oder gefoltert. Der britische Fernsehjournalist Alan Whicker bezeichnete Papa Doc einmal als »einen grausamen, aber sehr höflichen Menschen«. Kurz vor seinem Tod ernannte er seinen erst zwanzig Jahre alten Sohn Jean-Claude Duvalier, genannt »Baby Doc«, zu seinem Nachfolger.

»Was du im Bauch hast, gehört dir wirklich« und »Hunger ist Elend, aber ein voller Bauch macht Ärger«, sind zwei bekannte haitianische Sprichwörter, die viel über die Armut und die Misswirtschaft in dem Inselstaat aussagen. Aber nie waren die Verhältnisse dort so schlimm, surreal und irrwitzig blasphemisch wie unter der Herrschaft von Papa Doc. Er ließ sogar das »Vaterunser« umschreiben und sich selbst an die Stelle des christlichen Gottes setzen:

»Papa Doc, der du auf Lebenszeit im National-Palast lebst, geheiligt sei dein Name heute und in Ewigkeit. Dein ist die Herrschaft in Port-au-Prince und seinen Provinzen. Beschere uns ein neues Haiti und bestrafe die Anti-Patrioten, die auf unser Land spucken ...«

Offiziell war Papa Doc römisch-katholisch, bezog sich aber vor allem auf den in Haiti sehr starken Voodoo-Kult, um seine Herrschaft abzusichern. Nicht wenige Haitianer glaubten fest daran, dass er nicht nur so aussah wie der Voodoo-Geist Baron Samedi, sondern ihn wirklich verkörperte. Sie bemühten sich, ihren Gott-Herrscher gütig zu stimmen, indem sie ihm Tieropfer darbrachten, vor allem Hühner und Ziegen. In den Voodoo-Tempeln hingen Bilder des Präsidenten, und auf dem Nummernschild seiner Dienstlimousine stand die Zahl 22 – die Baron Samedi zugeschrieben wurde.

Es dürfte allerdings sehr unwahrscheinlich sein, dass Papa Doc jemals etwas von den Bergen Fleisch gegessen hat, die ihm geopfert wurden. Er war dünn und gebrechlich und sah immer viel älter aus, als er eigentlich war. Da er an Diabetes litt, musste er sich täglich Insulin spritzen. Zusätzlich wurde er durch eine Herzkrankheit geschwächt und litt an einer schweren Arthritis der Handgelenke, weshalb es ihm schwerfiel, einen Telefonhörer zu halten. Wegen der großen Schmerzen nahm er ständig Tabletten. Im letzten Jahr vor seinem Tod war er nicht mehr in der Lage, sein Essen zu kauen, und musste sich von seiner Ehefrau mit einem Löffel füttern und die Kiefer massieren lassen.

Nicht wenige sind der Ansicht, dass der Herzinfarkt, den er zwei Jahre nach seiner Machtübernahme erlitt, die Ursache für den dramatischen Wandel in seiner Persönlichkeit war. Danach wurde er immer paranoider und erging sich in wütenden Schimpftiraden, ähnlich wie Adolf Hitler. Nicht selten stieg er nach dem Abendessen hinab in einen Kerker, dessen Wände blutrot gestrichen waren, und schaute durch ein Guckloch zu, wie seine Feinde gefoltert wurden.

KREOLISCHES HUHN

Für 8 Personen

Die extrem scharfen, karibischen Scotch-Bonnet-Chilis geben diesem Gericht aus dem Norden von Haiti den besonderen Pfiff.

1 Hühnchen, 1,8 kg, in 8 Stücke geteilt

3 Knoblauchzehen

3 Frühlingszwiebeln, grob geschnitten

1 Bund Petersilie, gehackt

1 Zweig frischer Thymian

1 Scotch-Bonnet-Chili

1 grüne Paprikaschote, in dünne Streifen geschnitten

2 Esslöffel Pflanzenöl

1 große Zwiebel, in dünne Scheiben geschnitten

½ rote Paprikaschote, in dünne Streifen geschnitten

2 Esslöffel Tomatenmark

Salz und Pfeffer

Die Hühnchenteile in eine flache Form legen.

Den Knoblauch, die Chilischote und die Hälfte der grünen Paprika mit 350 ml Wasser zu einer Paste verarbeiten. Über das Hühnchen geben und für mindestens 4 Stunden in den Kühlschrank stellen. Anschließend die Marinade abgießen und beiseite stellen.

Öl in einem Schmortopf erhitzen und die Hühnchenteile von allen Seiten ca. 10 Minuten anbraten. Aus der Pfanne nehmen und beiseite stellen.

Die Zwiebeln, den Rest der grünen Paprika, die rote Paprika sowie Salz und Pfeffer in den Topf geben. 10 Minuten schmoren lassen.

Das Hühnchen wieder in den Topf geben, mit der Marinade und 350 ml Wasser übergießen und aufkochen.

Hitze reduzieren, den Schmortopf halb zudecken und 30 Minuten köcheln lassen. Ab und zu umrühren.

Dazu passt haitianischer Reis (Reis mit schwarzen Bohnen).

ALFREDO STROESSNER

1912 – 2006

General Alfredo Stroessner war der Sohn eines Einwanderers aus Hof in Oberfranken, der dort als Angestellter einer Brauerei gearbeitet hatte. Seine Mutter stammte aus einer wohlhabenden Familie mit spanischen Wurzeln. Der »Tyrannosaurus«, wie er von seinen Gegnern genannt wurde, trat mit sechzehn Jahren der Armee bei, stieg rasch auf und wurde 1953 General und Oberbefehlshaber. Ein Jahr später putschte er sich an die Macht und kontrollierte fortan die beiden einzigen Institutionen in seinem Land, die wirklichen Einfluss hatten: die Armee und die konservative Colorado Partei, deren Mitglieder alle entscheidenden Posten in Wirtschaft und Politik besetzten.

Unter seiner Herrschaft wurde Paraguay ein Paradies für Schmuggler, die Drogen, Autoteile und Whisky verschoben und damit wesentlich zur Wirtschaftsleistung des Landes beitrugen. Die ersten Jahre seiner fünfunddreißig Jahre dauernden Diktatur waren die brutalsten. Über vierhundert Oppositionelle wurden umgebracht oder »verschwanden«, manche sprechen sogar von dreitausend Opfern. Stroessner hielt seine schützende Hand über vierzigtausend deutsche Einwanderer, die nach dem Ende der Nazi-Herrschaft nach Paraguay geflüchtet waren, und brachte die internationale Öffentlichkeit gegen sich auf, weil er Josef Mengele, dem Lagerarzt von Auschwitz, Unterschlupf gewährte. Lange Zeit waren auch Gerüchte im Umlauf, er würde Martin Bormann, den ehemaligen Sekretär von Adolf Hitler, verstecken. 1973 wurde Stroessner von der bayerischen Landesregierung der Bayerische Verdienstorden verliehen.

Nachdem die Vereinigten Staaten Stroessner jahrelang unterstützt hatten, weil er im Kampf gegen den Kommunismus ein verlässlicher Partner war, ließen sie nach und nach ihre Hilfszahlungen auslaufen. 1989 wurde der General durch einen Militärputsch entmachtet, offenbar weil befürchtet wurde, er könnte einen seiner Söhne zum Nachfolger benennen. Der eine galt als drogenabhängig, dem anderen wurde

Homosexualität vorgeworfen. Stattdessen wurde nun General Andrés Rodríguez sein Nachfolger, der Schwiegervater seines Sohns Hugo Alfredo.

General Stroessner schienen seine deutschen Wurzeln mehr zu bedeuten als seine paraguayische Herkunft. Jedenfalls huldigte er dem militärischen und martialischen Auftreten. Er pflegte einen spartanischen Lebensstil, achtete auf sein Äußeres, trug maßgeschneiderte Uniformen, die mit zahlreichen Medaillen dekoriert waren. Pünktlichkeit, Fitness und Selbstdisziplin waren seine Ideale. Nach außen hin gab er sich paternalistisch und ordnete zum Beispiel an, dass alle Arbeiter im Asuncion Park, wo er jeden Morgen seinen Spaziergang absolvierte, ein kostenloses Frühstück bekamen.

Aber er hatte auch einige Laster, Heuchelei zum Beispiel. Obwohl er selbst einige Kilo zu viel hatte und einen Schmerbauch mit sich herumschleppte, was seiner Liebe zur kalorienreichen Küche von Paraguay geschuldet war, tolerierte er Fettleibigkeit bei

anderen nicht. Einem Journalisten befahl er einmal, sich einer Abmagerungskur zu unterziehen, und die dickleibigen Angehörigen seiner Sicherheitskräfte waren ängstlich bemüht, sich möglichst schnell aus dem Sichtfeld des Diktators davonzustehlen.

Eine von Stroessners zahlreichen schändlichen Angewohnheiten jedoch war Sex mit Minderjährigen. Zwar war er mit Dona Eligia verheiratet und hatte mit ihr drei Kinder; tatsächlich aber zeugte er noch weitere fünfzehn uneheliche Sprösslinge. Viele davon wurden von jungen Mädchen geboren, die er zu seinen persönlichen Vergnügungen ausgewählt hatte, während sie noch zur Schule gingen. Zu diesem Zweck wies er seinen Chauffeur an, vor den Toren einer Schule zu parken, damit er bequem vom Rücksitz aus seine Wahl treffen konnte. Anschließend schickte er einen Untergebenen los, um die nötigen Arrangements zu treffen.

Eine seiner Mätressen, mit der er eine achtzehn Jahre anhaltende Affäre unterhielt, war fünfzehn Jahre alt gewesen, als er ihr 1960 bei einem Mittagessen von Verwandten begegnete. Zu diesem Zeitpunkt war er bereits achtundvierzig Jahre alt, aber er sehnte sich so sehr nach ihr, dass er ihr Liebesbriefe in die Schule bringen ließ. Kurz darauf erschien er überraschend zum Tee bei ihren Eltern und lud sich gleich auch noch zum Abendessen ein. Schließlich trug er seinem Chauffeur auf, das Mädchen jeden Tag zur Schule und wieder nach Hause zu bringen.

Mit seiner Mätresse Nata und den beiden illegitimen Kindern spielte er gern »Juan Normalverbraucher«, ging mit ihnen zum Einkauf in den Supermarkt und schwang sogar den Kochlöffel im trauten Kreis seiner Zweitfamilie.

Es gibt keine Zeugnisse darüber, was Alfredo Stroessner gerne gekocht hat, aber man darf davon ausgehen, dass auch das paraguayische Nationalgericht Sopa Paraguaya dazugehörte. Dabei handelt es sich allerdings nicht um eine Suppe, wie der Name suggeriert, sondern um eine Art Quiche mit extrem vielen Kalorien. Und wer weiß, vielleicht hat der Diktator mit den bayerischen Wurzeln sie ja dann und wann mit ein oder zwei Bratwürstchen garniert und ein Bier dazu getrunken.

SOPA PARAGUAYA

Für 4 – 6 Personen

Einer Legende zufolge erklärt sich der Name dieses Gerichts so: Der Leibkoch des paraguayischen Präsidenten Carlos Antonio López soll einmal so viel Maismehl in die Lieblingssuppe des Präsidenten geschüttet haben, das er ein Brot daraus backen musste, dass er als »starke Suppe« servierte. Der Präsident war begeistert und taufte das Gericht Sopa Paraguaya.

110 g Butter (die Hälfte davon weich werden lassen)

1 große Zwiebel, gehackt

225 g Frischkäse oder Ricotta

110 g milder Käse, z. B. bayerischer Bergkäse, Emmentaler oder Tilsiter

300 g Maismehl

400 g Maiskörner (gekocht bzw. aus der Dose)

240 ml Milch

1 Teelöffel Salz

6 Eier, getrennt

Die Hälfte der Butter in einer Pfanne erhitzen und die Zwiebeln darin schmoren. Sie sollten nicht braun werden. Beiseite stellen.

Die weiche Butter mit dem Frischkäse vermischen.

Den Käse, die Zwiebeln, das Maismehl, die Maiskörner, Salz, Milch und das Eigelb dazugeben. Gut vermischen.

Das Eiweiß steif schlagen und unter den Teig heben.

Den Teig in eine gefettete und mit Mehl bestäubte flache Backform (ca. 25 × 30 cm) geben. Bei 200° C 45 bis 55 Minuten backen.

Warm oder kalt servieren.

FIDEL CASTRO

1926 – 2016

Der uneheliche Sohn eines Plantagenbesitzers und einer Köchin regierte Kuba von 1959 bis 2008, als er die Regierungsgeschäfte an seinen Bruder Raul übergab. Der Führer des einzigen marxistisch-leninistischen Staates in der westlichen Hemisphäre war dank seines Charismas als Revolutionär jahrzehntelang ein Dorn im Fleisch vieler US-amerikanischer Präsidenten.

Alle Versuche, ihn durch ein Attentat zu Fall zu bringen, scheiterten, egal ob man es durch das Vergiften seiner Zigarre, seiner Taucherausrüstung oder mithilfe von Mafia-Killern versuchte, oder in seinen Kugelschreiber eine Injektionsnadel einbaute, um ihm auf diese Weise das tödliche Gift zu verabreichen. »Wenn das Überleben von Mordanschlägen eine olympische Disziplin wäre, hätte ich die Goldmedaille gewonnen«, brüstete Castro sich einmal. Jahrzehntelange Wirtschaftssanktionen, konterrevolutionäre Agitation und sogar die berühmt-berüchtigte Invasion in der Schweinebucht konnten seiner Herrschaft nichts anhaben. Als Castro 1962 zustimmte, sowjetische Nuklearraketen auf seiner Insel zu stationieren, wäre es beinahe zu einem Atomkrieg zwischen den Supermächten gekommen, der zu einer Auslöschung des Lebens auf dem Planeten hätte führen können.

Nach dem Ende der Sowjetunion 1991 war es auch mit der wirtschaftlichen Unterstützung durch den jahrzehntelangen Verbündeten vorbei, und das nicht enden wollende Katz-und-Maus-Spiel zwischen der Weltmacht USA und dem kleinen Karibikstaat flaute ab. 2009 lockerte US-Präsident Obama die Reisebeschränkungen für Kubaner, und im Gegenzug wurde es Exil-Kubanern gestattet, ihren Familien auf der Insel Geld zukommen zu lassen. Fidel Castro, der sich nach seinem Machtverzicht nur noch selten in der Öffentlichkeit gezeigt hatte, starb am 25. November 2016 in Havanna.

Lange vor Jamie Oliver pries der jugendliche Fidel Castro die Vorzüge des aus frischen Zutaten einfach und schnell zubereiteten Essens. Er war so sehr am Kochen interessiert, dass er mitunter wütend in die

Küche rannte, um den Köchinnen zu erklären, wie man ein Lammkotelett, einen Stockfisch, Spaghetti oder gebackene Bananen richtig zubereitet: »Man muss sich davor hüten, den Hummer oder die Garnelen zu kochen. Ein Hummer braucht gerade mal elf Minuten im Backofen oder nur sechs Minuten, wenn man ihn am Spieß über glühende Kohlen hält. Man sollte ihn lediglich mit Butter, Knoblauch und Zitrone bestreichen. Gutes Essen ist immer einfaches Essen.«

Essen und Trinken waren eine große Leidenschaft des einflussreichen Kommunisten. Er gab viel Geld aus und bemühte sich sehr, um auf Kuba französischen Käse, Gänsestopfleber oder gar Whisky herzustellen. Seine Tochter erinnert sich, wie er in der wenigen Zeit, die er für sie erübrigen konnte, mitunter zu weitschweifigen Erklärungen anhob, wie man Kürbiskerne rösten müsse. Nämlich »auf kleiner Flamme, bis die Schalen von allein abfallen.« Manchmal erschien er unangemeldet bei seiner Mutter und brachte ihr Delikatessen mit, die man nur auf dem Schwarzmarkt kaufen konnte, und das in einer Zeit, als die Menschen bissige Witze wegen der schlechten Ernährungslage machten: »Was ist der Unterschied zwischen einem kubanischen Kühlschrank und einer Kokosnuss? Keiner, sie enthalten beide nur Wasser.« Das Schild im Zoologischen Garten in Havanna mit der Aufschrift »Bitte die Tiere nicht füttern« musste angeblich irgendwann ersetzt werden durch »Bitte das Tierfutter nicht essen« und schließlich durch »Bitte die Tiere nicht essen«.

Die kubanischen Staatsmedien veröffentlichten einige innovative Kochideen, um der angespannten Versorgungslage zu begegnen. Ein Rezept bestand aus gestampften Kartoffeln und Zwiebeln, garniert mit Speck und Orangensaft. Ein anderes Rezept kombinierte Kartoffelpüree mit Zucker und Orangenschalen zu einem Pudding.

Noch 2004, im Alter von achtundsiebzig Jahren, mischte Castro sich in die häuslichen Angelegenheiten der Kubaner ein und schlug vor, sie sollten sich die Arbeit in der Küche mithilfe eines chinesischen Schnellkochtopfs erleichtern. Dessen Anschaffung hätte allerdings einen halben Monatslohn verschlungen. Als er 2008 von seinen Ämtern zurücktrat, weil er sich wegen Darmblutungen einer komplizierten Operation unterziehen musste, erklärte sein Leibarzt großspurig, der Diktator sei so gesund, dass er locker hundertvierzig Jahre alt werden könne.

Seine stets loyale Kampfgefährtin und womöglich einstige Geliebte Celia Sanchez plauderte einmal aus, dass der junge Fidel geradezu verrückt nach Schildkrötensuppe war, ein Gericht, das heute nicht mehr gekocht werden darf, weil die dazu verwendete Meeresschildkröte vom Aussterben bedroht ist.

SCHILD-KRÖTENSUPPE

Für 4 – 6 Personen

Eine Alternative zur Meeresschildkröte wäre die Amerikanische Schnappschildkröte, aber man kann auch Ochsenschwanz oder sonstiges durchwachsenes Rind- oder auch Kalbfleisch verwenden.

250 g ungesalzene Butter

75 g Mehl

1,5 kg Schildkrötenfleisch oder Ersatz dafür

4 Stangen Sellerie

2 Zwiebeln, fein gehackt

2 Knoblauchzehen, fein gehackt

3 Lorbeerblätter

1 Teelöffel Oregano

½ Teelöffel Thymian

½ Teelöffel schwarzer Pfeffer

300 g passierte Tomaten oder fein gehackte frische Tomaten

1 l Rinderfond

120 ml Zitronensaft

5 hart gekochte Eier, in Scheiben geschnitten

Petersilie

6 Teelöffel trockener Sherry

Salz und Pfeffer

Das Fleisch unter fließendem kaltem Wasser gründlich waschen und trocken tupfen. Eventuell Knochen, Schwarten und Sehnen entfernen und in 5 Zentimeter große Würfel schneiden.

200 g Butter in einem Topf erhitzen, Mehl einstreuen, leicht anbräunen und mit der Hälfte des Rinderfonds zu einer sämigen Sauce kochen. Beiseite stellen.

Die restlichen 50 g Butter in einen Schmortopf geben. Fleisch dazugeben und auf allen Seiten anbräunen. Mit dem Rest des Rinderfonds ablöschen. Sellerie, Zwiebeln, Knoblauch und Gewürze hinzufügen und kochen, bis das Gemüse weich ist, dann die Tomaten hinzufügen.

Bei geringer Hitze ca. 30 Minuten köcheln, bis das Fleisch zart ist.

Die sämige Sauce einrühren und alles aufkochen. Mit Salz und Pfeffer würzen. Zitronensaft, Eier und Petersilie einrühren.

Vom Feuer nehmen und auf Teller verteilen. Pro Portion 1 Teelöff el Sherry darüber träufeln.

ROSTFREI

Die perfekten Geschenke

Shaun Ushers Briefesammlungen feiern »die Kunst der geschriebenen Korrespondenz mit all dem Humor, der Ernsthaftigkeit, der Traurigkeit und Verrücktheit, die unser Leben ausmachen.« *Brigitte* über *More Letters of Note*

Leseproben unter heyne-hardcore.de